# Contenido

i

**Nombre** ___________________________

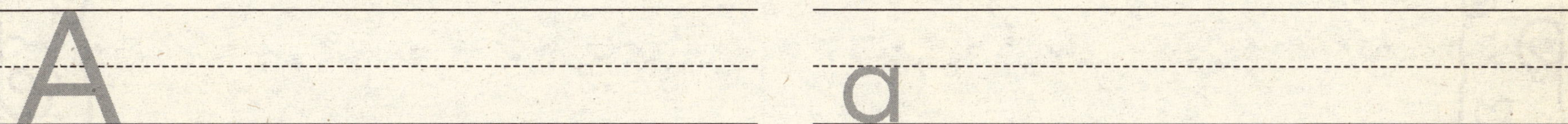


A ___________________________    a ___________________________

---

**Los niños**

- escriben *A* y *a* sobre las líneas
- rodean con un círculo todas las *A* que están en el árbol de la izquierda
- rodean con un círculo todas las *a* que están en el árbol de la derecha

**Conexión con el hogar**

Estoy aprendiendo la *A* grande y la *a* pequeña. Voy a enseñarte todas las *A* grandes y todas las *a* pequeñas en los árboles.



1

## Nombre _______________________

**Los niños**

- escriben sus nombres
- hacen dibujos de sí mismos

**Conexión con el hogar**

Estoy aprendiendo a escribir mi nombre. Ayúdame a practicarlo en casa.

**Nombre** _______________________________________________

A B C CH D E F G H I J K L LL M N Ñ O P Q R S T U V W X Y Z

a b c ch d e f g h i j k l ll m n ñ o p q r s t u v w x y z

B        b

**Los niños**

- escriben *B* y *b* sobre las líneas
- rodean con un círculo todas las *B* que están en el primer barco
- rodean con un círculo todas las *b* que están en el segundo barco

**Conexión con el hogar**

Estoy aprendiendo la *B* grande y la *b* pequeña. Voy a enseñarte todas las *B* grandes y las *b* pequeñas en los barcos.



3

## Nombre ___________________________

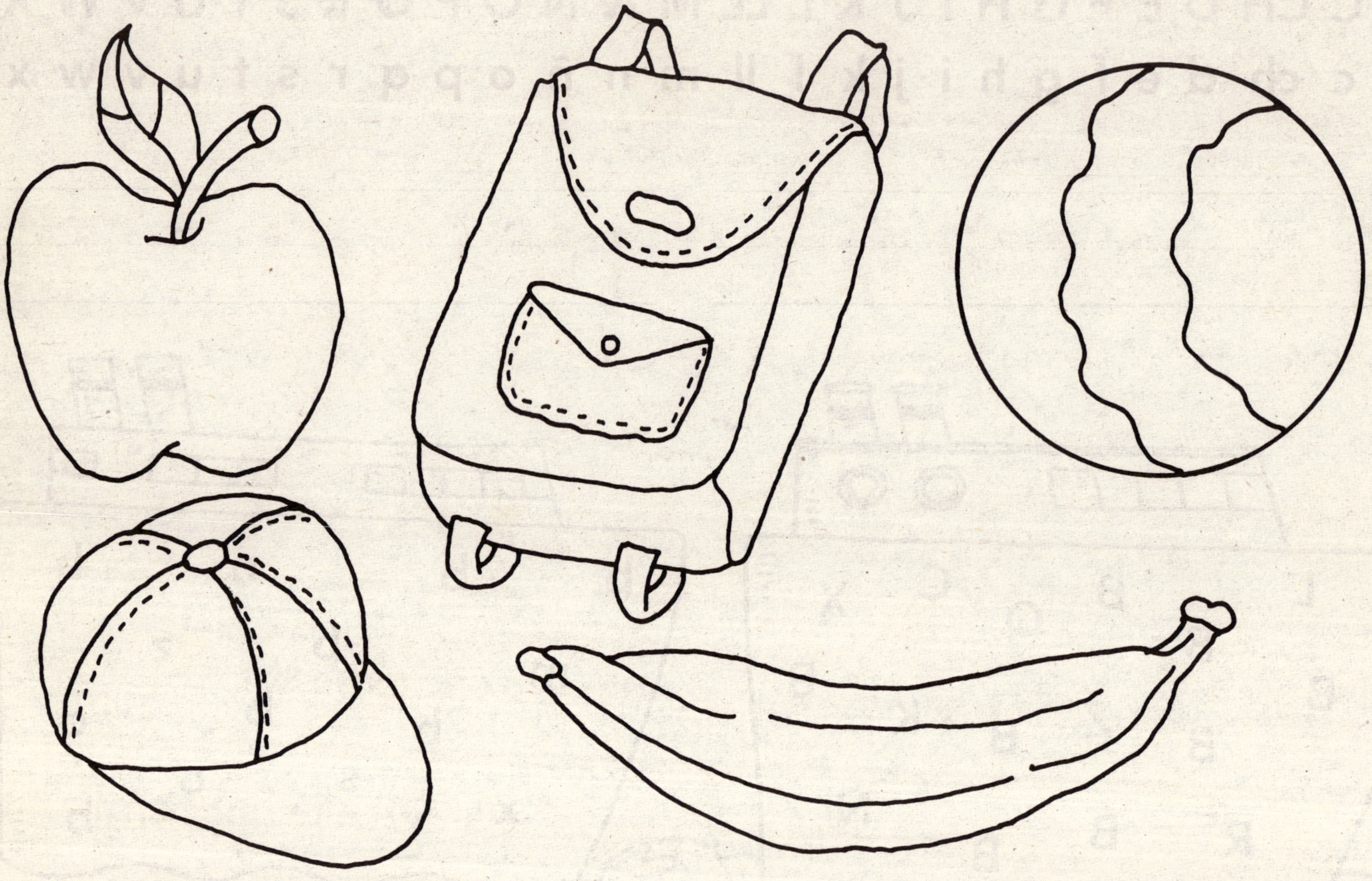

**Los niños**

- colorean la manzana de rojo, la banana de amarillo, la gorra de azul, la pelota de verde y la mochila de naranja
- pronuncian los nombres de esos colores

**Conexión con el hogar**

Estoy aprendiendo los colores. Voy a decirte los nombres de los colores que he aprendido. ¡Ayúdame a aprender los nombres de otros colores!

4

**Nombre** _______________________________

A B C Ch D E F G H I J K L Ll M N Ñ O P Q R S T U V W X Y Z

a b c ch d e f g h i j k l ll m n ñ o p q r s t u v w x y z

C

Ch

c

ch

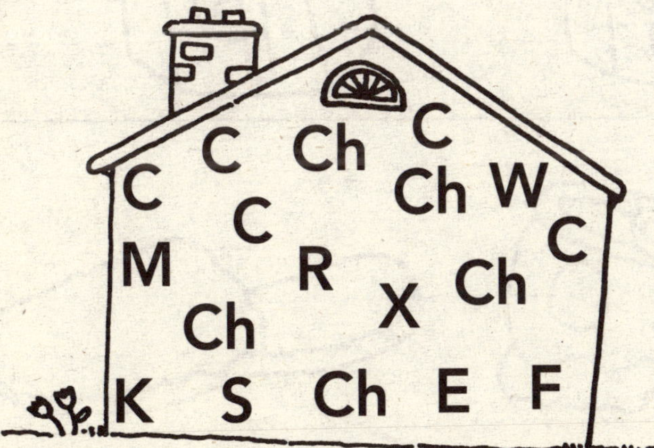


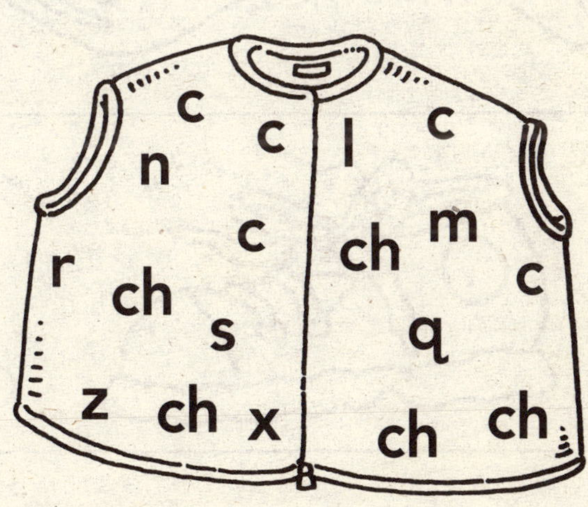




**Los niños**

- escriben *C*, *c*, *Ch* y *ch* sobre las líneas
- rodean con un círculo todas las *C* y *Ch* que están en la casa
- rodean con un círculo todas las *c* y *ch* que están en el chaleco

**Conexión con el hogar**

Estoy aprendiendo la *C* grande y la *c* pequeña y también la *Ch* grande y la *ch* pequeña. Te voy a enseñar todas las *C* y las *Ch* grandes y todas las *c* y las *ch* pequeñas en los dibujos.

5

**Bienvenidos a Kindergarten**

# Nombre ___________________________

**1.**

---

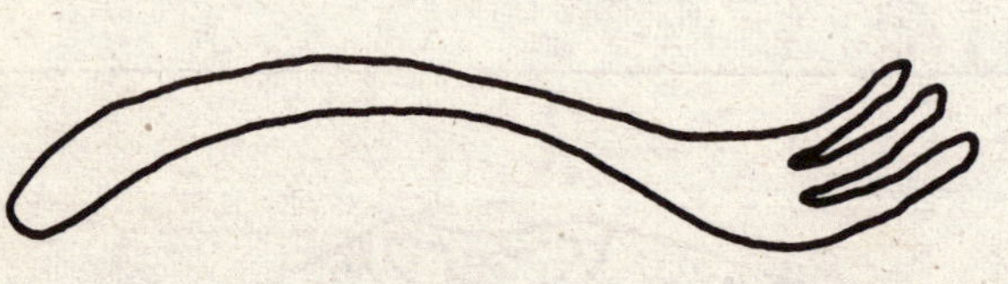  

**2.**

---

 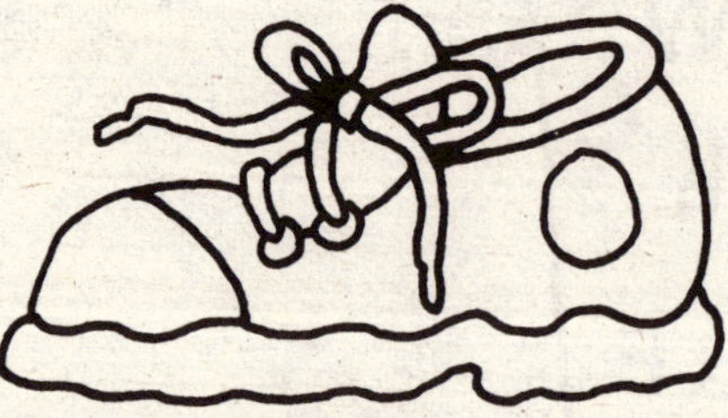 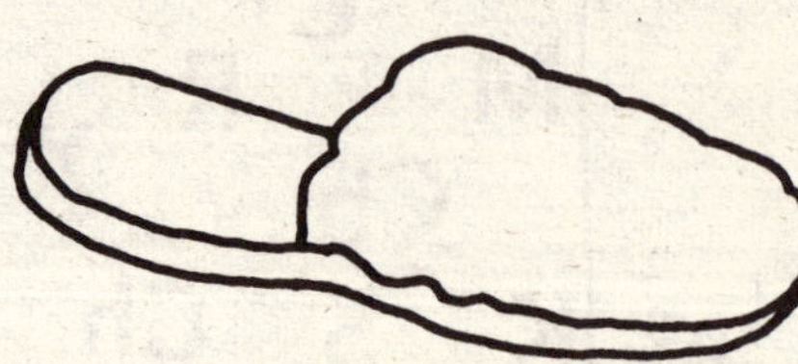

**3.**

---

**Los niños**
- rodean con círculos dos cosas que vayan juntas en cada fila
- nombran las parejas

 **Conexión con el hogar**

Estoy aprendiendo cómo formar parejas. Ayúdame a encontrar parejas de cosas en la casa.

6

**Nombre** ______________________________

A B C CH D E F G H I J K L LL M N Ñ O P Q R S T U V W X Y Z

a b c ch d e f g h i j k l ll m n ñ o p q r s t u v w x y z

# D                d

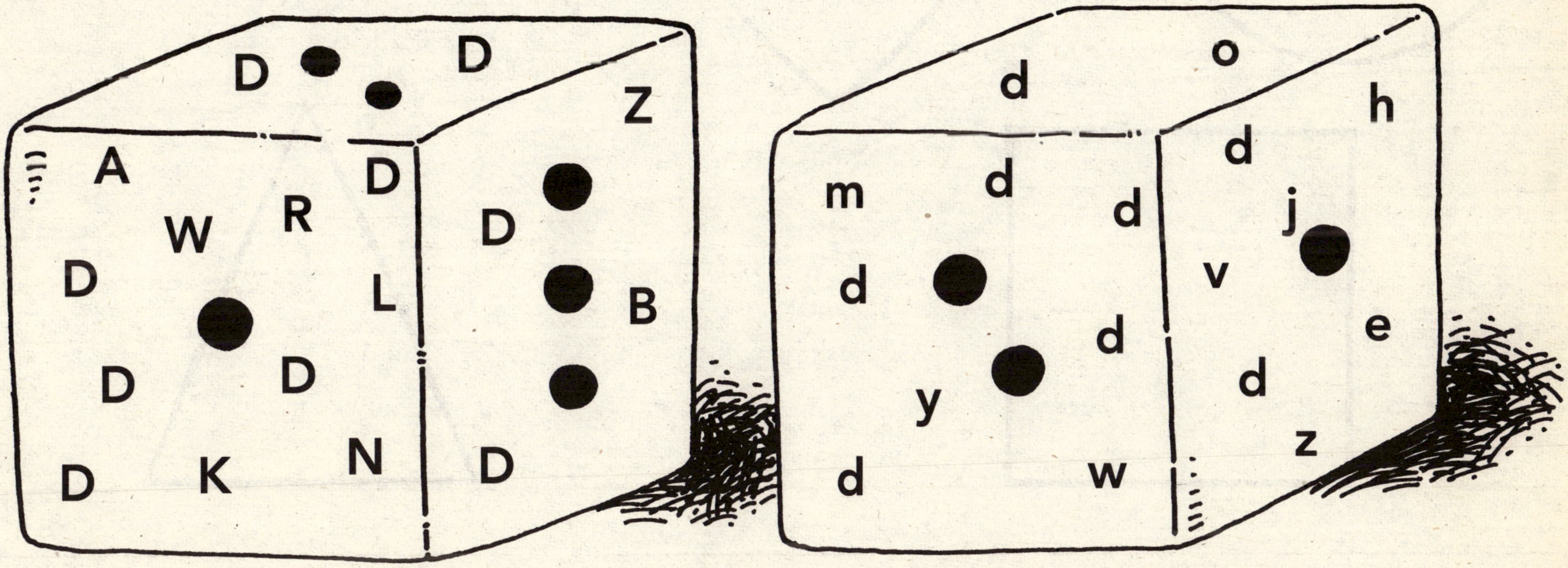

---

**Los niños**

- escriben *D* y *d* sobre las líneas
- rodean con un círculo todas las *D* que están en el primer dado
- rodean con un círculo todas las *d* que están en el segundo dado

 **Conexión con el hogar**

Estoy aprendiendo la *D* grande y la *d* pequeña.
Te voy a enseñar todas las *D* grandes y las *d* pequeñas
en los dados.



7

# Nombre

---



**Los niños**

- encuentran el círculo y lo colorean de rojo
- encuentran el triángulo y lo colorean de azul
- encuentran el rectángulo y lo colorean de amarillo
- encuentran el cuadrado y lo colorean de marrón

 **Conexión con el hogar**

Estoy aprendiendo las figuras. Ayúdame a encontrar estas figuras en la casa.

8

**Nombre** ___________________________

A B C CH D E F G H I J K L LL M N Ñ O P Q R S T U V W X Y Z
a b c ch d e f g h i j k l ll m n ñ o p q r s t u v w x y z

E     e

**Los niños**

- escriben *E* y *e* sobre las líneas
- rodean con un círculo todas las *E* y las *e* que están en los elefantes
- escriben las letras mayúsculas que faltan en el abecedario de cacahuates

 **Conexión con el hogar**

Estoy aprendiendo la *E* grande y la *e* pequeña. Te voy a enseñar todas las *E* grandes y todas las *e* pequeñas en los dibujos.

**Nombre** _______________________

**Los niños**

• escriben todas las letras que conocen
• señalan cada letra y la nombran

**Conexión con el hogar**

Puedo escribir algunas letras. Canta la "Canción del alfabeto" conmigo. Luego, ayúdame a escribir todas las letras de mi nombre.

## Nombre ______________________

A B C CH D E F G H I J K L LL M N Ñ O P Q R S T U V W X Y Z

a b c ch d e f g h i j k l ll m n ñ o p q r s t u v w x y z

F                    f

Los niños

- escriben *F* y *f* sobre las líneas
- rodean con un círculo todas las *F* y las *f* que están en las flores
- escriben las letras mayúsculas que faltan en el abecedario de abejas

**Conexión con el hogar**

Estoy aprendiendo la *F* grande y la *f* pequeña. Te voy a enseñar todas las *F* grandes y las *f* pequeñas en las flores. Luego podemos leer las letras en el abecedario de abejas.



11

## Nombre ___________________

1.

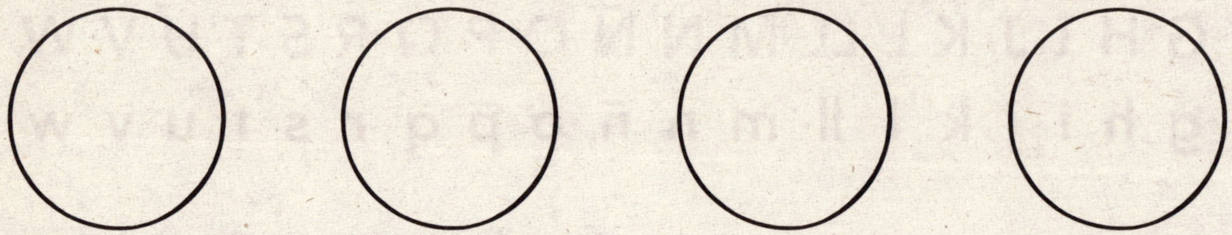

2.

3.

4.

---

**Los niños**
- nombran las figuras de cada fila
- dibujan la figura que corresponde al final de cada fila según el patrón

**Conexión con el hogar**

Estoy aprendiendo sobre los patrones. ¿Podemos encontrar algunos patrones en casa? (Pista: La ropa o el papel de empapelar a veces tienen patrones.)

**Nombre** _______________________________

A B C CH D E F G H I J K L LL M N Ñ O P Q R S T U V W X Y Z

a b c ch d e f g h i j k l ll m n ñ o p q r s t u v w x y z

G                    g

**Los niños**

- escriben *G* y *g* sobre las líneas
- rodean con un círculo todas las *G* y las *g* que están en el garaje
- escriben las letras mayúsculas que faltan en el abecedario de carros

**Conexión con el hogar**

Estoy aprendiendo la *G* grande y la *g* pequeña. Te voy a enseñar todas las *G* grandes y las *g* pequeñas que están en el garaje. Luego podemos leer las letras en el abecedario de carros.

**Nombre** ___________________________

<table>
<tr><td>1</td><td>2</td><td>3</td></tr>
</table>

**Los niños**

- pronuncian cada número
- dibujan globos para representar los números

**Conexión con el hogar**

Estoy aprendiendo a contar. Ayúdame a contar las cosas al poner la mesa.

## Nombre _______________________________

A B C CH D E F G H I J K L LL M N Ñ O P Q R S T U V W X Y Z

a b c ch d e f g h i j k l ll m n ñ o p q r s t u v w x y z

H       h

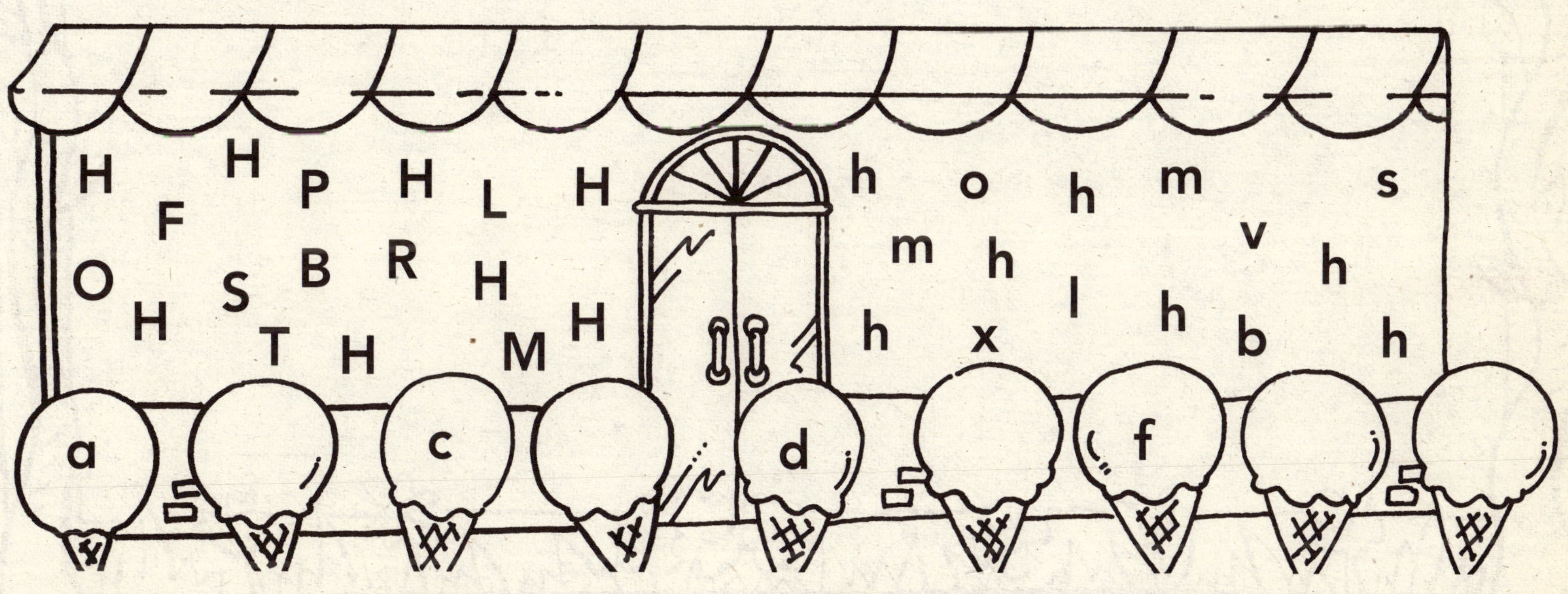


---

**Los niños**

- escriben *H* y *h* en las cajas
- rodean con un círculo todas la *H* y las *h* que están en la heladería
- escriben todas las letras minúsculas que faltan en el abecedario de helados

 **Conexión con el hogar**

Estoy aprendiendo la *H* grande y la *h* pequeña. Te voy a enseñar todas las *H* grandes y todas las *h* pequeñas en la heladería. Luego podemos leer las letras en el abecedario de conos de helado.

**Nombre** _______________________________

**Los niños**

- escriben los números del 1 al 10
- escriben todos los números que puedan

**Conexión con el hogar**

Estoy aprendiendo a escribir los números. Ayúdame a practicarlos en casa.

**Nombre** ___________________________________

A B C CH D E F G H I J K L LL M N Ñ O P Q R S T U V W X Y Z

a b c ch d e f g h i j k l ll m n ñ o p q r s t u v w x y z

I     i

---

**Los niños**

- escriben *I* e *i* sobre las líneas
- rodean con un círculo todas las *I* y las *i* que están en el iglú
- escriben todas las letras minúsculas que faltan en los pingüinos

**Conexión con el hogar**

Estoy aprendiendo la *I* grande y la *i* pequeña. Te voy a enseñar todas las *I* grandes y las *i* pequeñas en el iglú. Luego podemos leer las letras en el abecedario de pingüinos.



**17**

**Nombre** ________________________________________

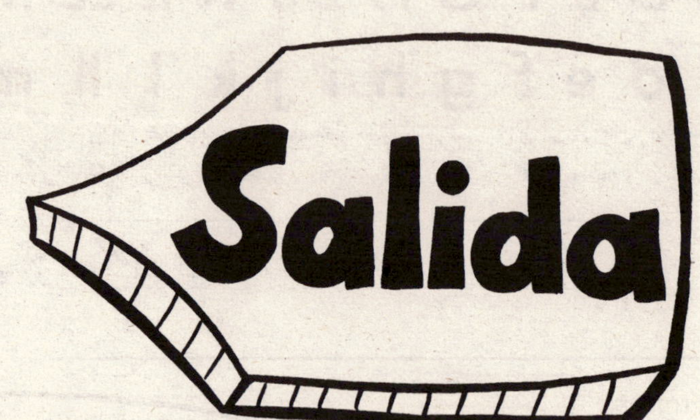

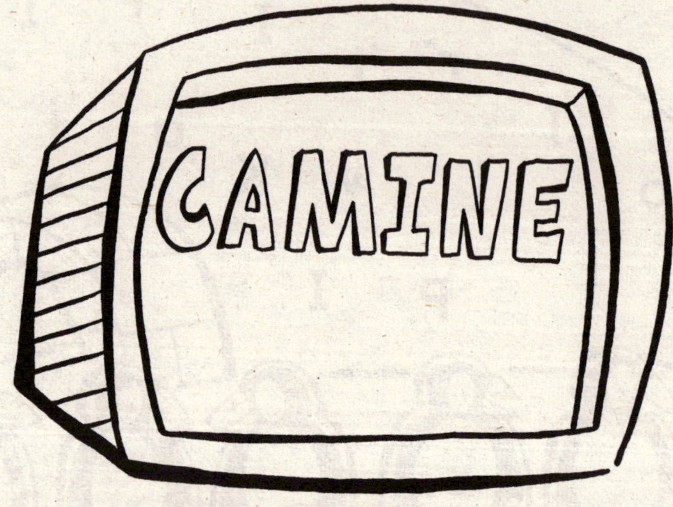


**Los niños**
- dicen lo que ven en cada dibujo
- dicen lo que el letrero les indica

**Conexión con el hogar**

Estoy aprendiendo los letreros. Vamos a buscar estos letreros cuando salgamos juntos.



**18**

## Nombre ___________________________

A B C CH D E F G H I J K L LL M N Ñ O P Q R S T U V W X Y Z

a b c ch d e f g h i j k l ll m n ñ o p q r s t u v w x y z

J                    j

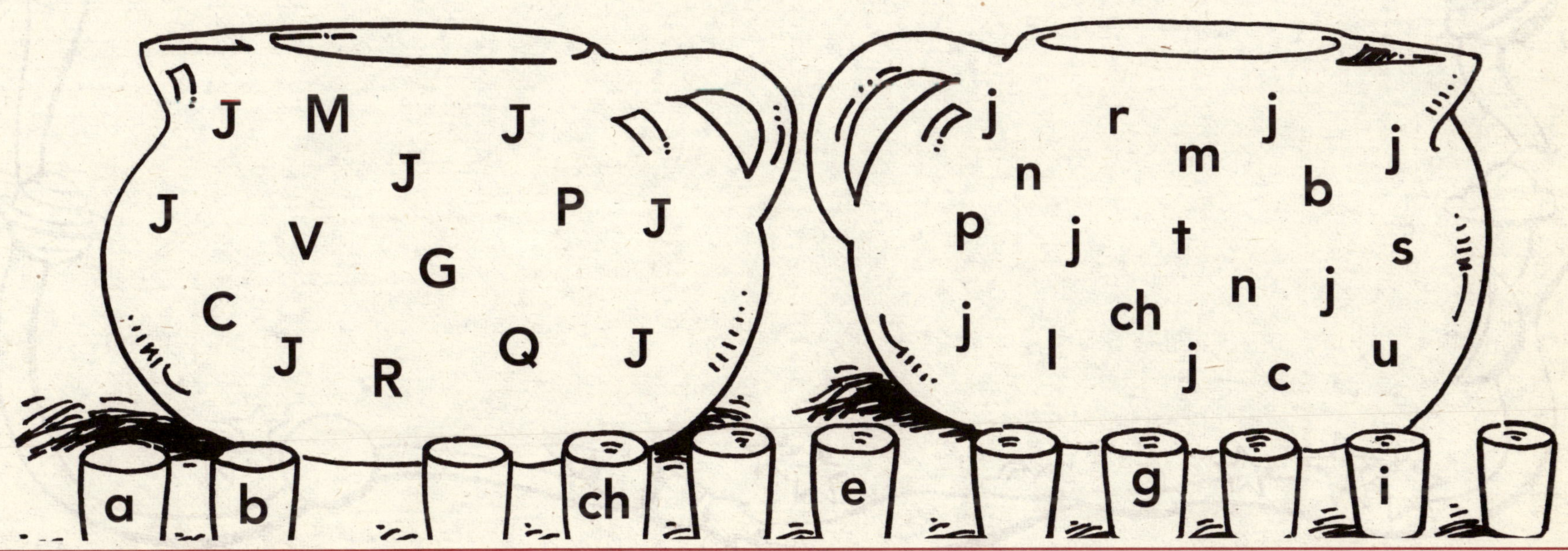




---

**Los niños**

- escriben *J* y *j* sobre las líneas
- rodean con un círculo todas las *J* y las *j* que están en las jarras
- escriben todas las letras minúsculas que faltan en el abecedario de vasos

**Conexión con el hogar**

Estoy aprendiendo la *J* grande y la *j* pequeña. Te voy a enseñar todas las *J* grandes y las *j* pequeñas en las jarras. Luego podemos leer las letras en el abecedario de vasos.

**19**

**Nombre** ______________________________

---

**Los niños**

- escriben todas las palabras que sepan escribir
- leen en voz alta cada palabra escrita

**Conexión con el hogar**

Puedo escribir algunas palabras. Te las voy a leer.

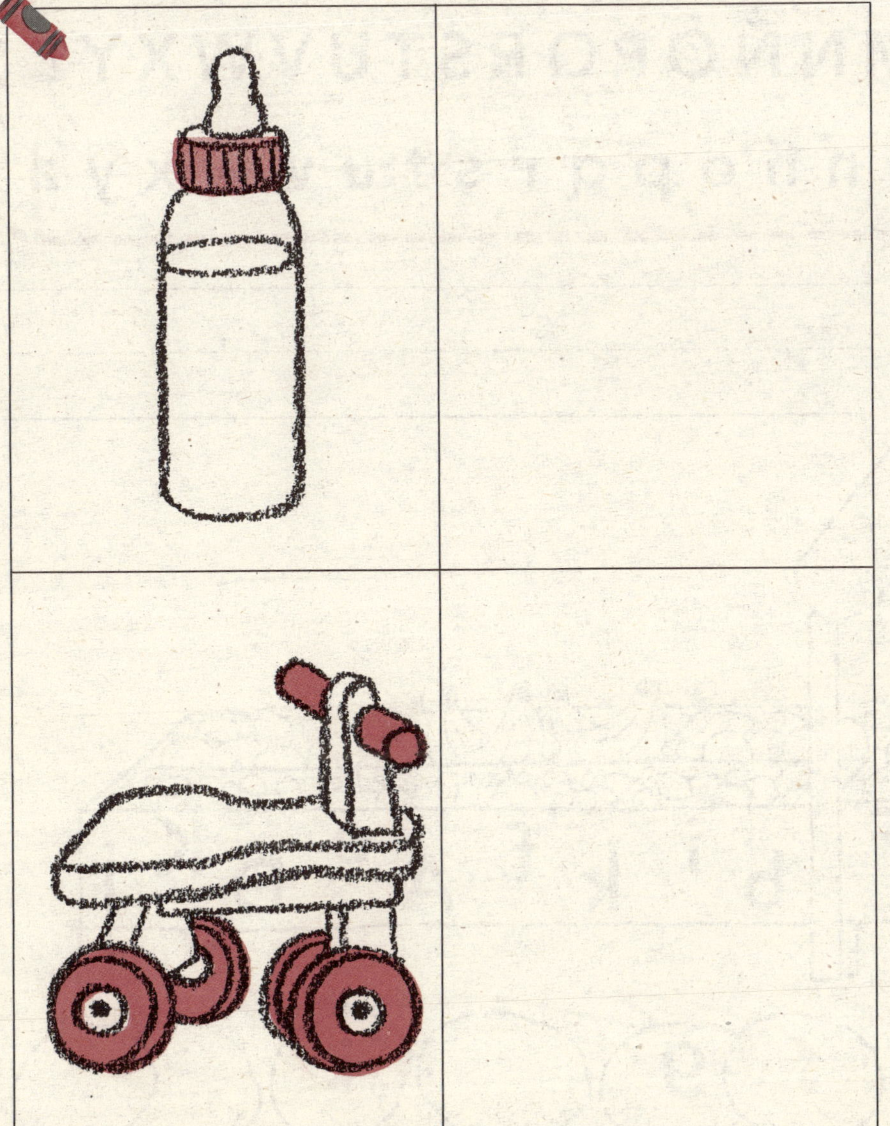

**TEMA 1: ¡Mira cómo somos!**
**Semana uno** *Ya soy grande*
**Comparar y contrastar, Reacción**

**Los niños**
- miran los dibujos de las cosas que usan los bebés para comer, ponerse, montar y jugar
- dibujan las cosas que ellos usan para comer, ponerse, montar y jugar

 **Conexión con el hogar**
Te voy a hablar acerca del libro *Ya soy grande*. Luego te explicaré cómo mis dibujos muestran cómo he crecido.

21

A B C CH D E F G H I J K L LL M N Ñ O P Q R S T U V W X Y Z

a b c ch d e f g h i j k l ll m n ñ o p q r s t u v w x y z

K        k

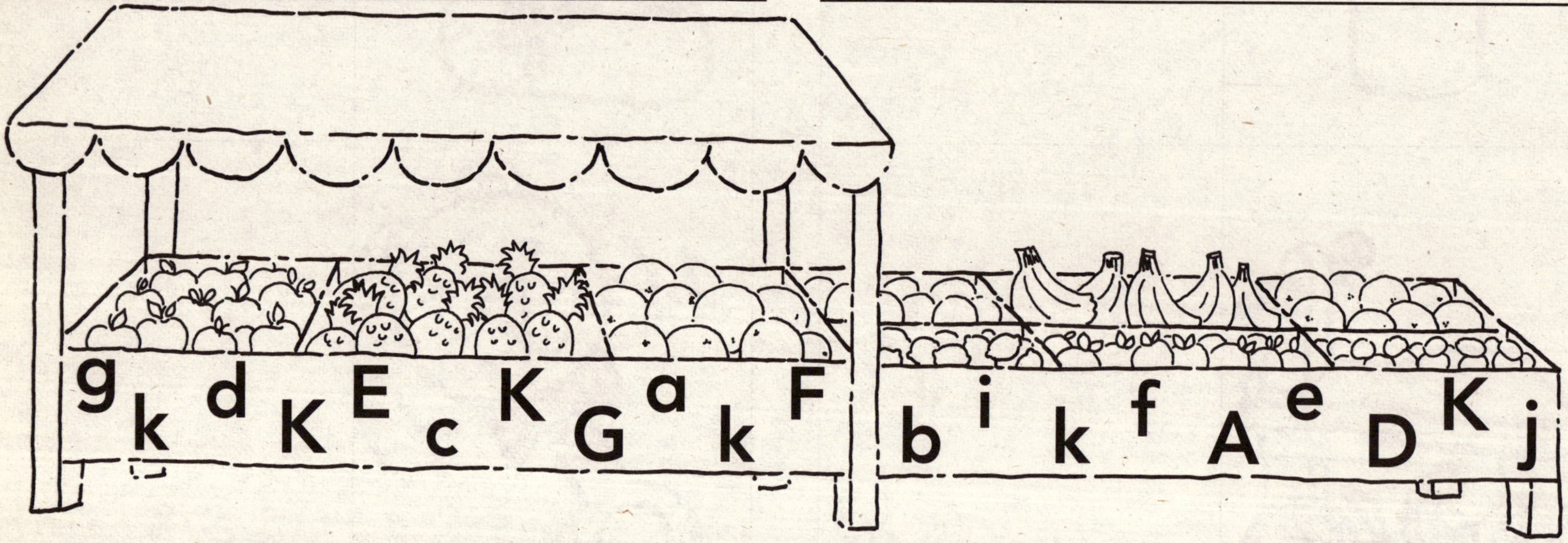

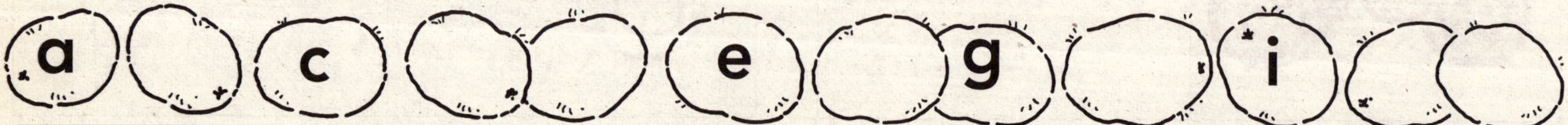

---

**TEMA 1: ¡Mira cómo somos!**
**Semana uno**
**La letra *Kk***

**Los niños**
- escriben *K* y *k* sobre las líneas
- rodean con un círculo todas las *K* y las *k* que están en el kiosco
- escriben todas las letras minúsculas que faltan en el abecedario de caramelos

**Conexión con el hogar**
Te voy a enseñar todas las *K* grandes y las *k* pequeñas en el kiosco. Luego, podemos leer las letras en el abecedario de caramelos.

A B CH D E F G H I J K L LL M N Ñ O P Q R S T U V W X Y Z

a b c ch d e f g h i j k l ll m n ñ o p q r s t u v w x y z

L     l

LL     ll

**TEMA 1: ¡Mira cómo somos!**
**Semana uno**
**Las letras** *L l* y *Ll ll*

**Los niños**
- escriben *L*, *l* y *Ll*, *ll* sobre las líneas
- rodean con un círculo todas las *L* y *Ll* y todas las *l* y *ll*
- escriben todas las letras minúsculas que faltan en el abecedario de animalitos

 **Conexión con el hogar**
Te voy a mostrar todas las *L* y *Ll* grandes y las *l* y *ll* pequeñas. Luego podemos leer las letras del abecedario de animalitos.

23

**Nombre** _______________________________

---

**TEMA 1: ¡Mira cómo somos!**
**Semana uno** *¿Cómo dicen?*
**Comparar y contrastar, Reacción**

**Los niños**
- rodean con un círculo un animal que chilla
- colorean de verde un animal que croa
- rodean con un círculo un animal que muge
- colorean de amarillo un animal que grazna
- subrayan a los que puedan hablar

 **Conexión con el hogar**
Te voy a contar un cuento
llamado *¿Cómo dicen?* Luego
puedo decirte qué representa
mi dibujo.

24

**Nombre** _______________________________________________

ABCCHDEFGHIJKLLLMNÑOPQRSTUVWXYZ

abcchdefghijklllmnñopqrstuvwxyz

M

m

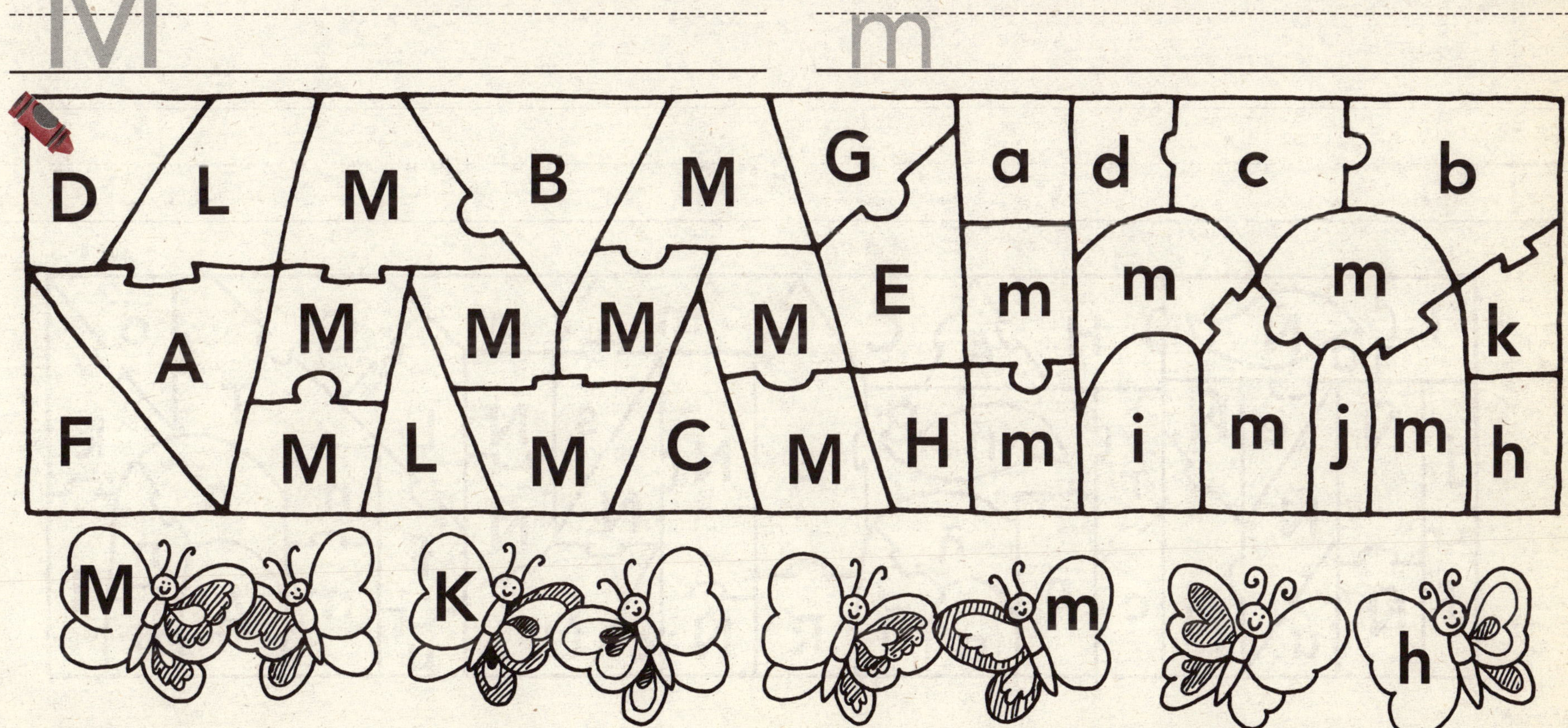




**Los niños**
- colorean de rojo las piezas con _M_
- colorean de azul las piezas con _m_
- observan qué formaron
- escriben letras mayúsculas o minúsculas en las mariposas para formar parejas

**Conexión con el hogar**
Te mostraré todas las _M_ grandes y las _m_ pequeñas que están en el rompecabezas. Luego podemos leer las parejas de letras que están en las mariposas.

25

A B C CH D E F G H I J K L LL M N Ñ O P Q R S T U V W X Y Z

a b c ch d e f g h i j k l ll m n ñ o p q r s t u v w x y z

Ñ

Ñ

n

ñ

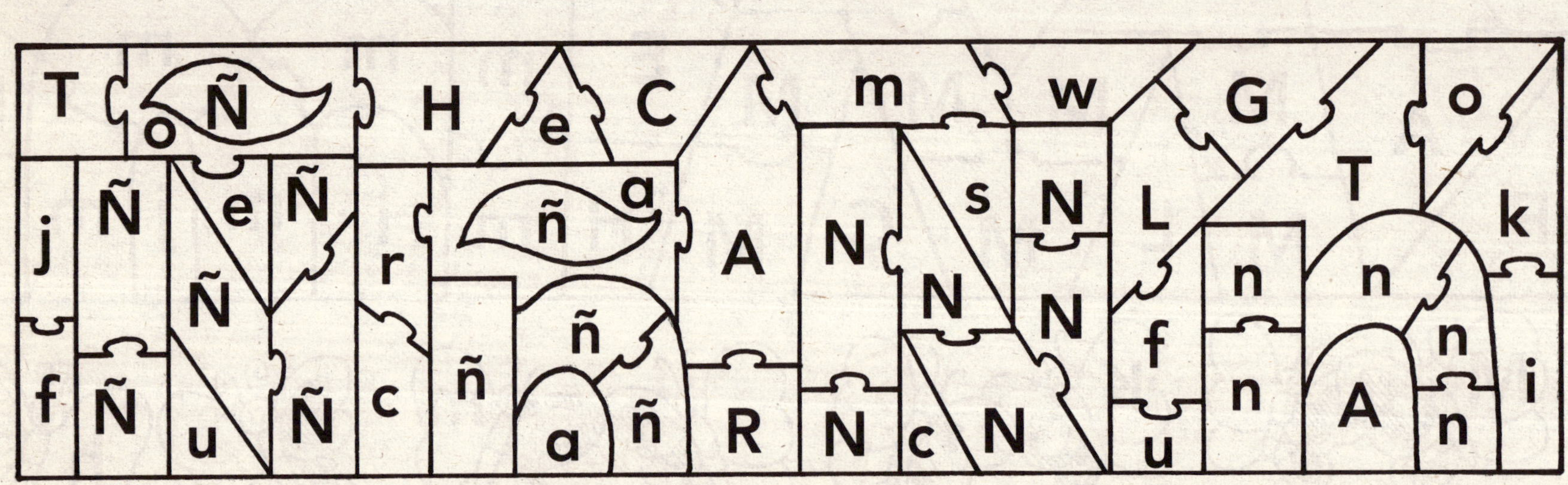


**TEMA 1: ¡Mira cómo somos!**
**Semana uno**
**Las letras *Nn* y *Ññ***

**Los niños**
- colorean de verde las piezas con *N* o *Ñ*
- colorean de amarillo todas las piezas con *n* o *ñ*
- observan qué figuras forman las piezas verdes y amarillas

**Conexión con el hogar**
Estoy aprendiendo la *N* y la *Ñ* grandes y la *n* y la *ñ* pequeñas. Te voy a mostrar todas las *N* y las *Ñ* grandes y las *n* y *ñ* pequeñas en el rompecabezas.

26

A B C CH D E F G H I J K L LL M N Ñ O P Q R S T U V W X Y Z

a b c ch d e f g h i j k l ll m n ñ o p q r s t u v w x y z

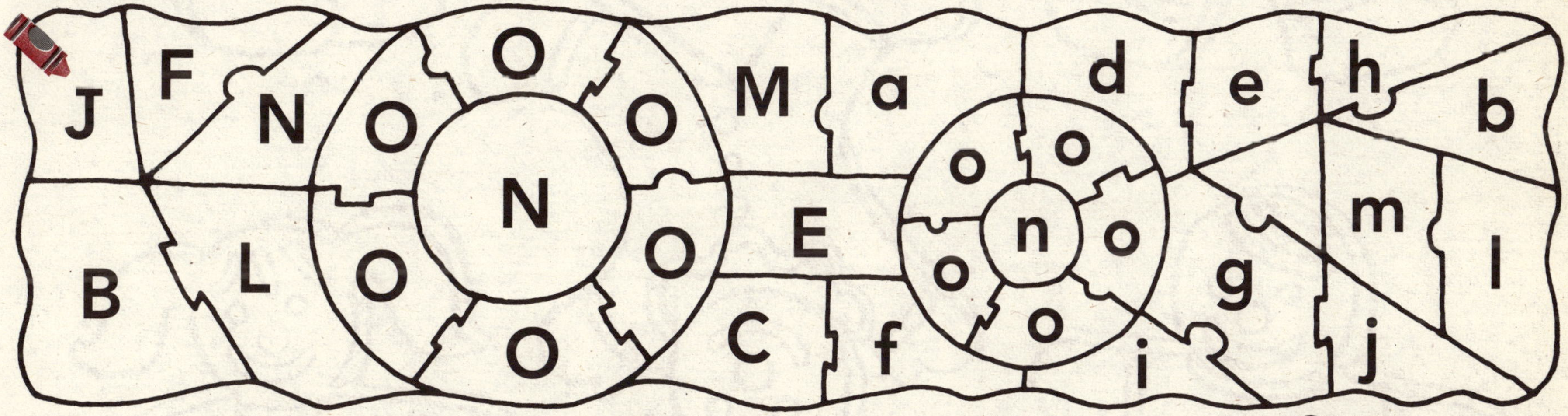

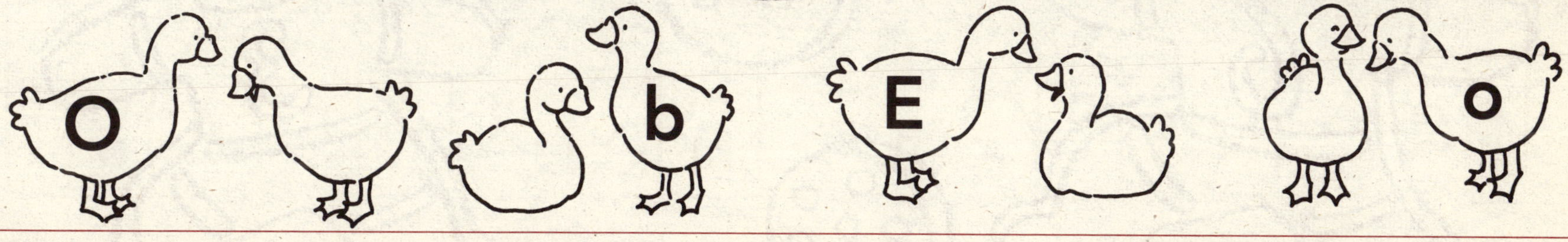

TEMA 1: ¡Mira cómo somos!
**Semana uno**
**La letra** *Oo*

**Los niños**
- colorean de morado las piezas con *O*
- colorean de anaranjado las piezas con *o*
- observan qué figuras formaron
- escriben las letras mayúsculas o minúsculas
  que faltan en los gansos para formar parejas

**Conexión con el hogar**
Te mostraré todas las *O* grandes y las *o* pequeñas que están en el rompecabezas. Luego leeremos las parejas de letras en los gansos.



**27**

¡Diviértete coloreando los muñecos de pan! ¿Qué colores prefieres?

**1.**

**2.**



**TEMA 1: ¡Mira cómo somos!**
**Semana dos**  *El muñeco de pan*
**Observar detalles importantes**

**Los niños**
- colorean la galleta que se parece al muñeco de pan del cuento
- colorean los personajes que persiguieron al muñeco de pan

 **Conexión con el hogar**
Te voy a contar el cuento de *El muñeco de pan.*

**29**

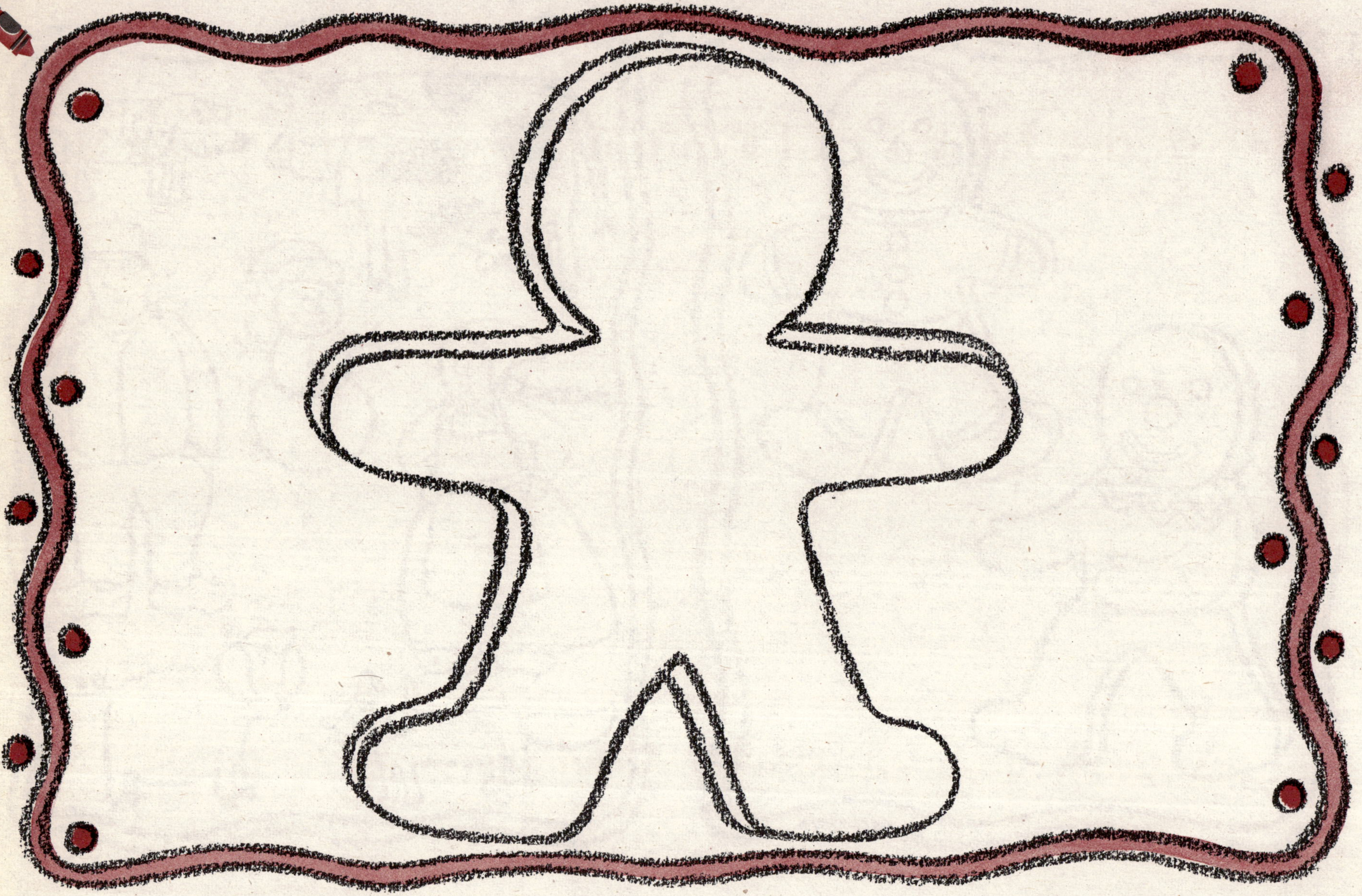

**TEMA 1: ¡Mira cómo somos!**
**Semana dos** *El muñeco de pan*
**Reacción**

**Los niños**
• decoran su propio muñeco de pan

**Conexión con el hogar**
Hoy decoré este muñeco de pan. ¡Quizás algún fin de semana podamos hacer muñecos de pan juntos!

A B C CH D E F G H I J K L LL M N Ñ O P Q R S T U V W X Y Z

a b c ch d e f g h i j k l ll m n ñ o p q r s t u v w x y z

P

p

a B Q g F i s r
B A
S Z P P P P P
R Z P I P G s R
P P K a q l c d

C    p    M    P



**TEMA 1: ¡Mira cómo somos!**
**Semana dos**
**La letra *Pp***

**Los niños**
- escriben *P* y *p* sobre las líneas
- rodean con un círculo todas las *P* y las *p*
- colorean los círculos que le muestran al puerco espín el camino hasta la pizza
- escriben letras mayúsculas o minúsculas para formar parejas en los puerco espines

**Conexión con el hogar**
Estoy aprendiendo la *P* grande y la *p* pequeña. Te voy a mostrar todas las *P* grandes y las *p* pequeñas que están en el camino. Luego podemos leer las parejas de letras en los puerco espines.

31

Nombre _______________________________

A B C CH D E F G H I J K L LL M N Ñ O P Q R S T U V W X Y Z

a b c ch d e f g h i j k l ll m n ñ o p q r s t u v w x y z

Q

q

**TEMA 1: ¡Mira cómo somos!**
**Semana dos**
**Las letras _Qq_**

Los niños
- escriben _Q_ y _q_ sobre las líneas
- colorean de rojo todas las _Q_ mayúsculas
- colorean de azul todas las _q_ minúsculas
- escriben las letras mayúsculas o minúsculas que faltan en los quesos pequeños para formar parejas

**Conexión con el hogar**
Te voy a mostrar todas las _Q_ grandes y _q_ pequeñas que están en los quesos grandes. Luego podemos leer las parejas de letras en los quesos pequeños.

**Nombre** ___________________________

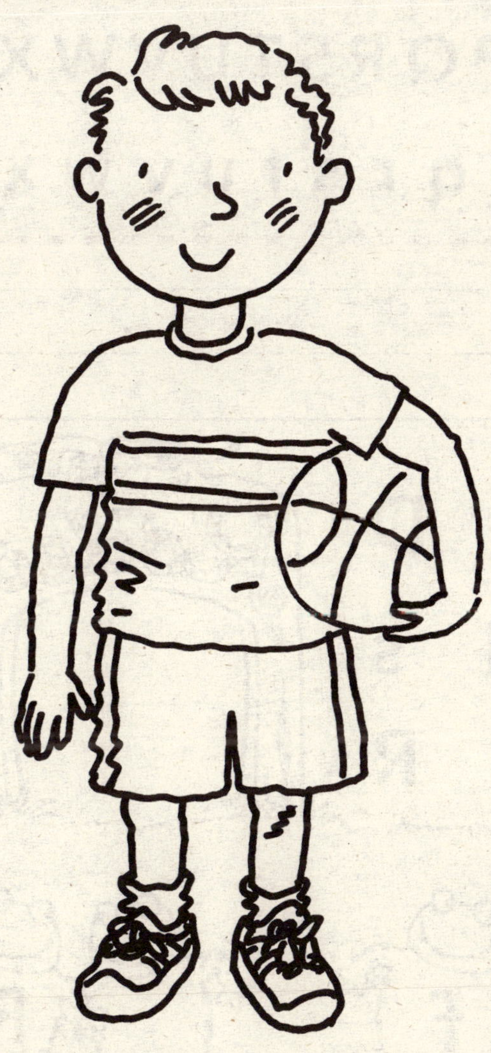

**TEMA 1: ¡Mira cómo somos!**
**Semana dos** *Mira mis manos*
**Observar detalles importantes**

**Los niños**
- rodean con un círculo las partes del cuerpo nombradas en el libro
- se dibujan ellos mismos, y añaden todos los detalles que puedan

 **Conexión con el hogar**
Te voy a contar acerca del libro *Mira mis manos*. Luego, puedo hablarte de este dibujo que yo hice de mi mismo.

**33**

A B C CH D E F G H I J K L LL M N Ñ O P Q R S T U V W X Y Z
a b c ch d e f g h i j k l ll m n ñ o p q r s t u v w x y z

R    r

**TEMA 1: ¡Mira cómo somos!**
**Semana dos**
**La letra _Rr_**

**Los niños**
- escriben _R_ y _r_ en las cajas
- rodean con un círculo todas las _R_ y las _r_
- colorean los círculos para mostrarle a Ratón el camino hasta el rodeo
- escriben las letras mayúsculas o minúsculas que faltan en las ranas para formar parejas

**Conexión con el hogar**
Te voy a mostrar todas las _R_ grandes y las _r_ pequeñas en el camino. Luego, podemos leer las letras en las parejas de ranitas.

34

ABCCHDEFGHIJKLLLMNÑOPQRSTUVWXYZ
abcchdefghijklllmnñopqrstuvwxyz

S

s

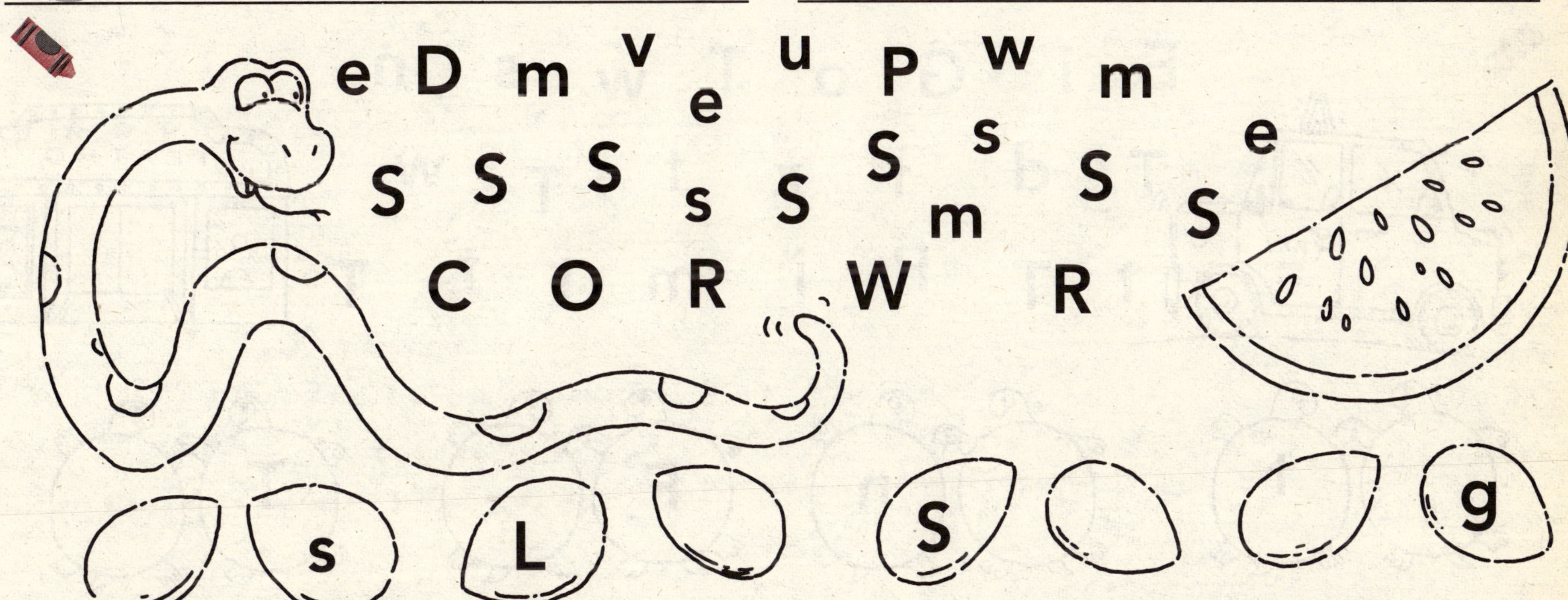


**TEMA 1: ¡Mira cómo somos!**
**Semana dos**
**La letra Ss**

**Los niños**
- escriben *S* y *s* sobre las líneas
- rodean con círculos todas las *S* y *s*
- colorean los círculos para mostrarle a Serpiente el camino hasta la sandía
- escriben las letras mayúsculas o minúsculas que faltan en las semillas para formar parejas

**Conexión con el hogar**
Estoy aprendiendo la *S* grande y la *s* pequeña. Te voy a mostrar todas las *S* grandes y las *s* pequeñas que están en el camino. Luego podemos leer las letras en las parejas de semillas.



35

A B C CH D E F G H I J K L LL M N Ñ O P Q R S T U V W X Y Z

a b c ch d e f g h i j k l ll m n ñ o p q r s t u v w x y z

T ____________________________ t ____________________________

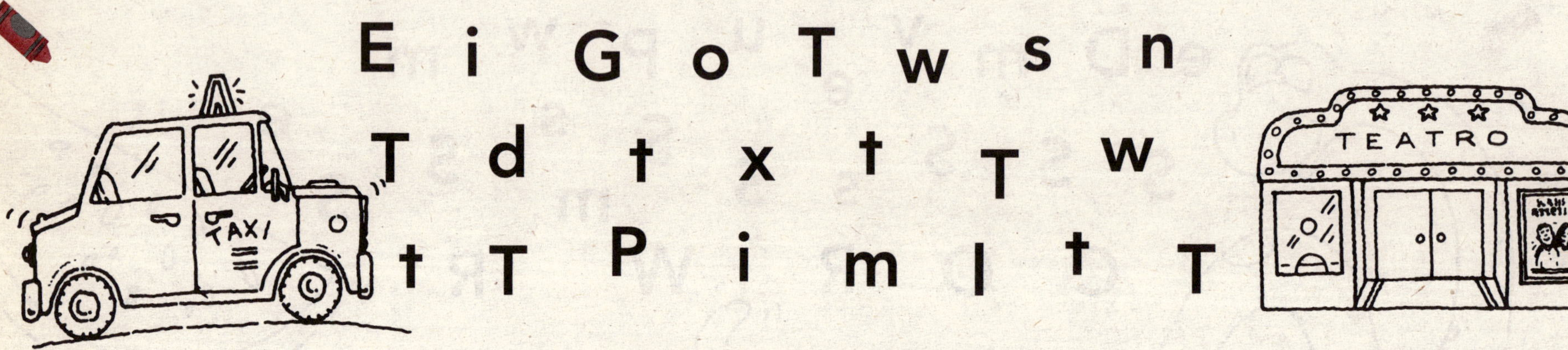

---

**TEMA 1: ¡Mira cómo somos!**
**Semana dos**
**La letra *Tt***

**Los niños**
- escriben *T* y *t* sobre las líneas
- rodean con círculos todas las *T* y *t*
- colorean los círculos para mostrarle al taxi el camino hasta el teatro
- escriben las letras mayúsculas o minúsculas que faltan en las tortugas para formar parejas

 **Conexión con el hogar**
Te voy a mostrar todas las *T* grandes y las *t* pequeñas que están en el camino. Luego podemos leer las parejas de letras que están en las tortugas.

36

**Nombre** _______________________

**TEMA 1: ¡Mira cómo somos!**

**Semana tres** *El ratón de ciudad y el ratón de campo*

**Comparar y contrastar**

**Los niños**

- piensan en las diferencias entre los paisajes de la ciudad y del campo

- colorean el paisaje que más se parece al lugar donde viven

 **Conexión con el hogar**

Te voy a contar acerca de *El ratón de ciudad y el ratón de campo.* Luego, te explicaré por qué coloreé este paisaje.

**37**

A B C CH D E F G H I J K L LL M N Ñ O P Q R S T U V W X Y Z

a b c ch d e f g h i j k l ll m n ñ o p q r s t u v w x y z

U

u

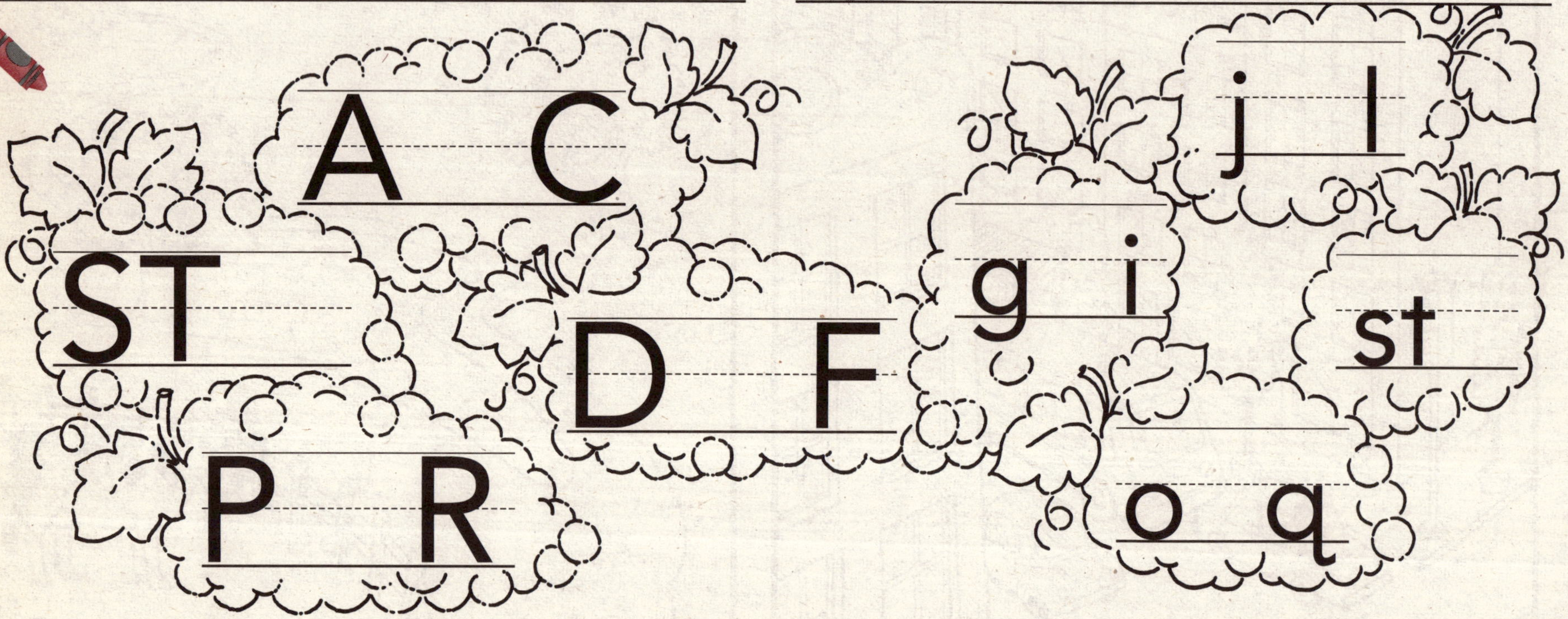

A C

ST

D F

j l

g i

st

P R

o q

---

**TEMA 1: ¡Mira cómo somos!**
**Semana tres**
**La letra *Uu***

**38**

**Los niños**
- escriben *U* y *u* sobre las líneas
- escriben las letras que faltan en las uvas

**Conexión con el hogar**
Estoy aprendiendo la *U* grande y la *u* pequeña. Te mostraré todas las *U* grandes y las *u* pequeñas que están en las uvas. Luego leeremos los tríos de letras.

ABCCHDEFGHIJKLLLMNÑOPQRSTUVWXYZ
abcchdefghijklllmnñopqrstuvwxyz

V
v

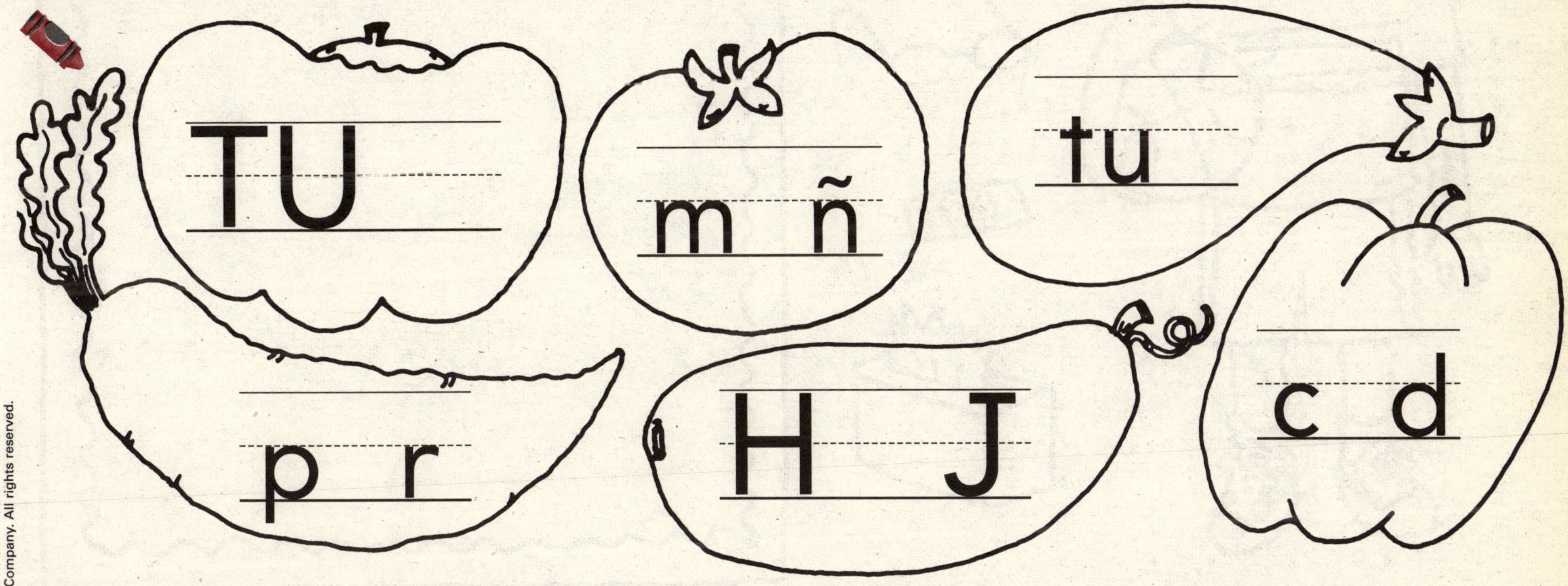

**TEMA 1: ¡Mira cómo somos!**
**Semana tres**
**La letra** *Vv*

**Los niños**
- escriben *V* y *v* sobre las líneas
- escriben las letras que faltan en los vegetales

**Conexión con el hogar**
Estoy aprendiendo la *V* grande y la *v* pequeña. Te mostraré todas las *V* grandes y las *v* pequeñas que están en los vegetales. Luego leeremos los tríos de letras.



39

Nombre _______________________________

1.

2.

---

**TEMA 1: ¡Mira cómo somos!**
**Semana tres** *Mira mis manos*
**Observar detalles importantes**

**40**

**Los niños**
- dibujan líneas desde una parte del cuerpo a objetos que se relacionan con ésta
- dibujan algo que hacen con sus manos y añaden tantos detalles como puedan

 **Conexión con el hogar**
Te contaré sobre el dibujo que hice. Vamos a pensar en otras cosas que yo pueda hacer con mis manos.

A B C CH D E F G H I J K L LL M N Ñ O P Q R S T U V W X Y Z

a b c ch d e f g h i j k l ll m n ñ o p q r s t u v w x y z

W

w

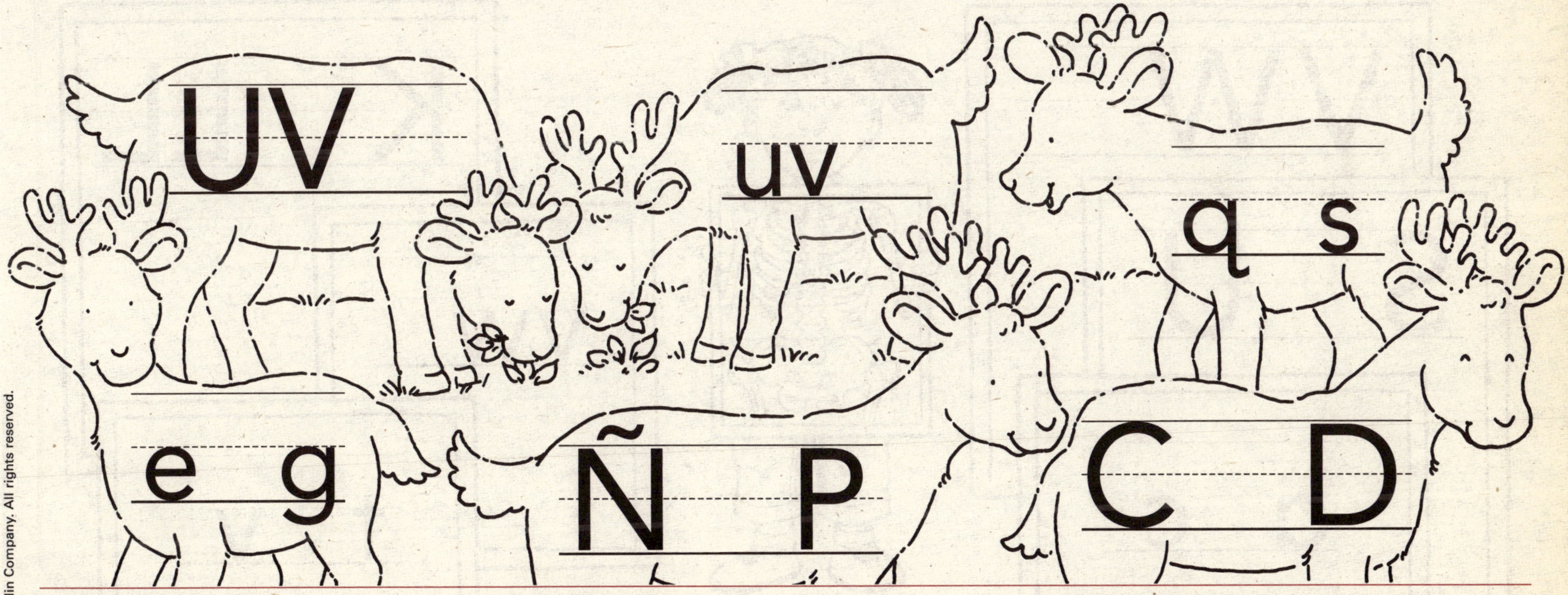

**TEMA 1: ¡Mira cómo somos!**
**Semana tres**
**La letra _Ww_**

**Los niños**
- escriben _W_ y _w_ sobre las líneas
- escriben las letras que faltan en los wapitíes

**Conexión con el hogar**
Estoy aprendiendo la _W_ grande y la _w_ pequeña. Te voy a mostrar todas las _W_ grandes y las _w_ pequeñas que están en los wapitíes. Luego podemos leer los tríos de letras.

**41**

ABCDEFGHIJKLLLMNÑOPQRSTUVWXYZ

abcchdefghijklllmnñopqrstuvwxyz

X _______________________    x _______________________

**TEMA 1: ¡Mira cómo somos!**
**Semana tres**
**La letra *Xx***

**Los niños**
- escriben *X* y *x* sobre las líneas
- escriben las letras que faltan en los rayos-x

**Conexión con el hogar**
Estoy aprendiendo la *X* grande y la *x* pequeña. Te mostraré todas las *X* grandes y *x* pequeñas que están en los rayos-x. Luego leeremos los tríos de letras.

Nombre ___________________________________

A B C CH D E F G H I J K L LL M N Ñ O P Q R S T U V W X Y Z

a b c ch d e f g h i j k l ll m n ñ o p q r s t u v w x y z

Y

y

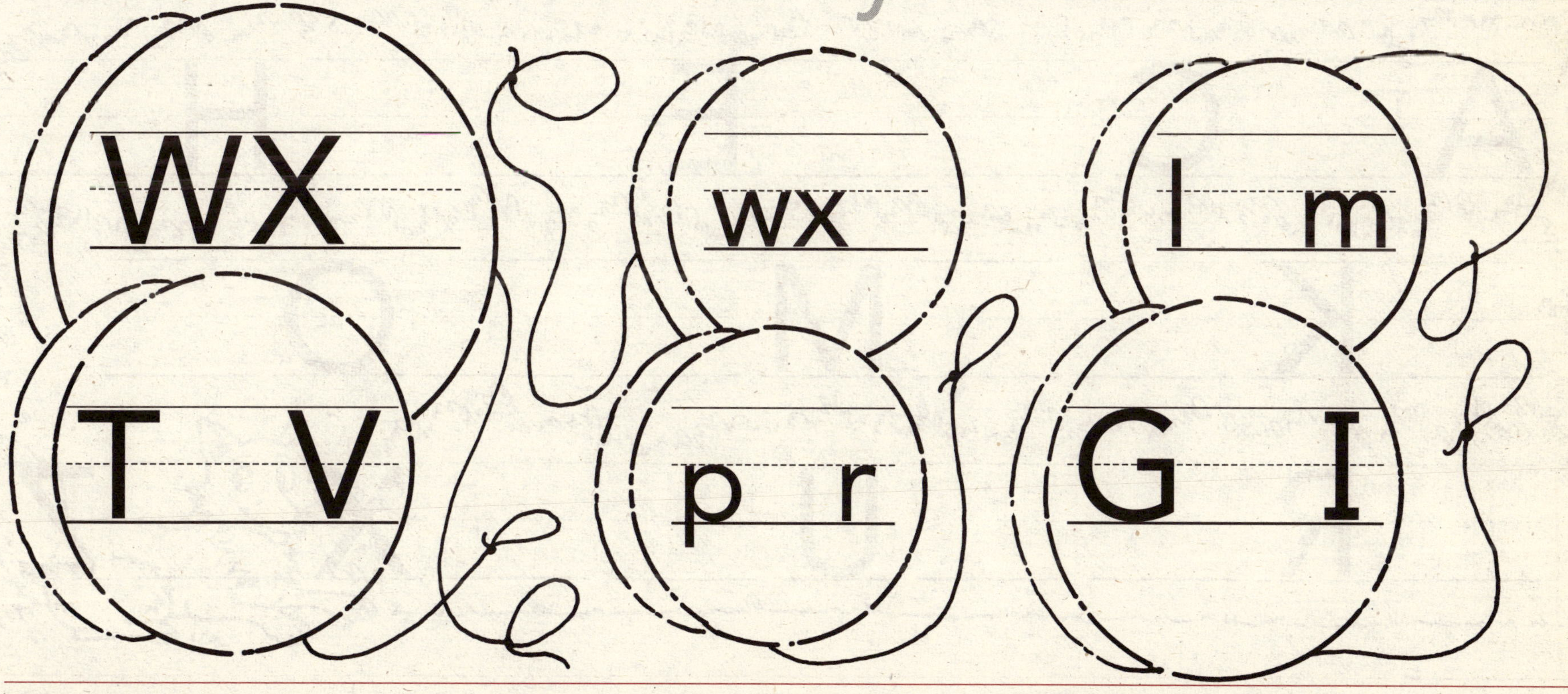

WX

wx

l m

TV

pr

G I



**TEMA 1: ¡Mira cómo somos!**
**Semana tres**
**La letra** *Yy*

**Los niños**
- escriben *Y* y *y* sobre las líneas
- escriben las letras que faltan en los yoyos

**Conexión con el hogar**
Estoy aprendiendo la *Y* grande y la *y* pequeña. Te mostraré todas las *Y* grandes y las *y* pequeñas que están en los yoyos. Luego leeremos los tríos de letras.

43

Nombre ______________________________

A B C CH D E F G H I J K L LL M N Ñ O P Q R S T U V W X Y Z

a b c ch d e f g h i j k l ll m n ñ o p q r s t u v w x y z

Z ______________________ z ______________________

A ___ C ___ ___ E ___ ___ H ___

___ K ___ ___ M ___ ___ O ___

___ R ___ ___ U ___ ___ X ___ Z

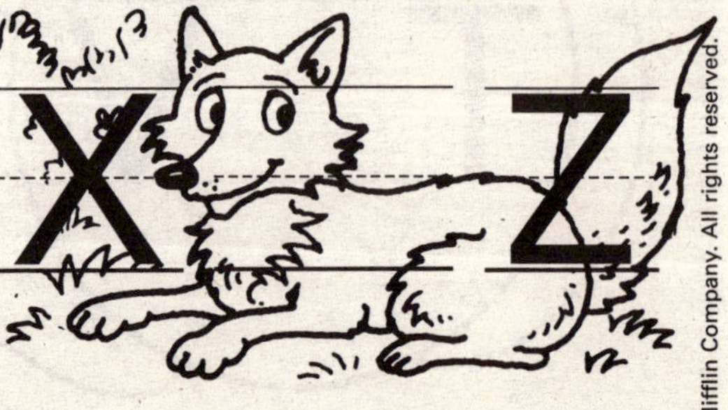

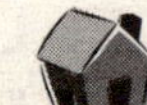

**TEMA 1: ¡Mira cómo somos!**
**Semana tres**
**La letra *Zz***

**Los niños**

- escriben *Z* y *z* en las cajas
- escriben las letras que faltan en el abecedario de arbustos
- colorean el zorro

**Conexión con el hogar**

Estoy aprendiendo la *Z* grande y la *z* pequeña. Vamos a leer el abecedario completo que termina con el zorro. Luego te mostraré la *Z* grande y el zorro que coloreé.

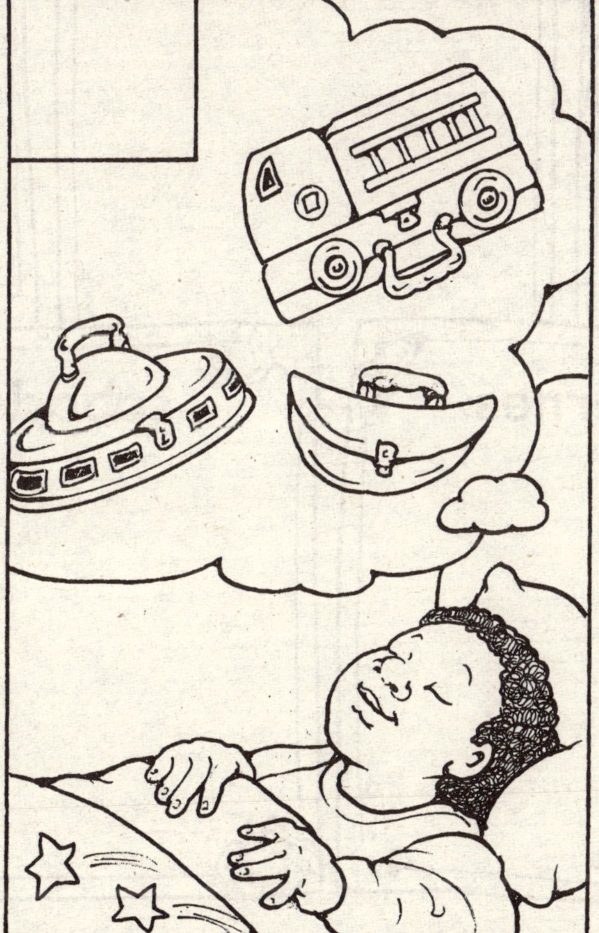

**TEMA 2: Rodeados de color**
**Semana uno** *Necesito una lonchera*
**Secuencia de sucesos**

**Los niños**
- piensan en lo que sucedió en el cuento
- escriben *1, 2* ó *3* al lado de los dibujos para indicar qué sucedió primero, qué sucedió después y qué sucedió por último
- colorean los dibujos

 **Conexión con el hogar**
Voy a contarte lo que pasó en el cuento *Necesito una lonchera*. Podemos señalar los dibujos mientras yo te cuento cada parte.



**45**

lunes

martes

miércoles

jueves

viernes

sábado

domingo

---

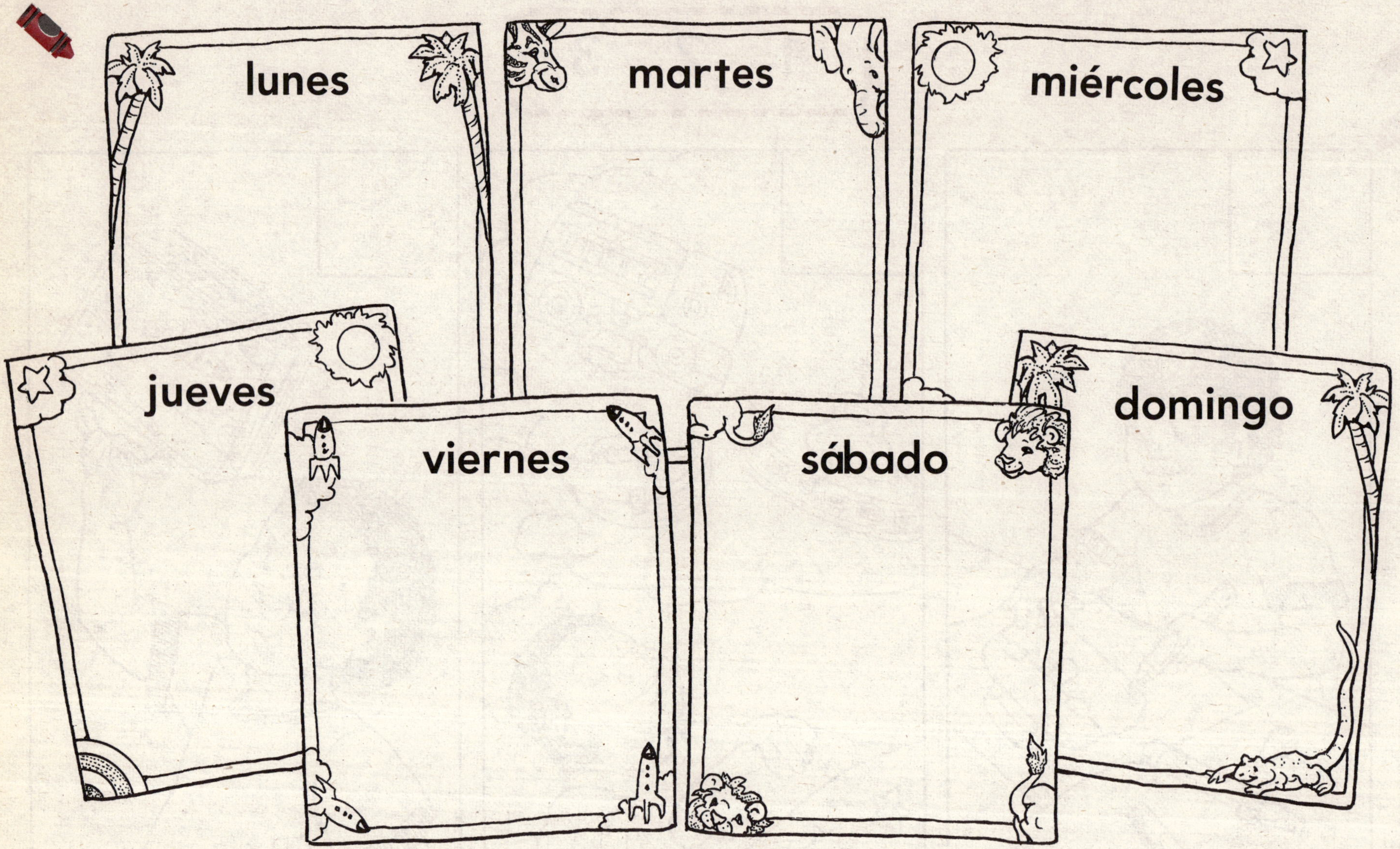

**TEMA 2: Rodeados de color**
**Semana uno** *Necesito una lonchera*
**Reacción**

**Los niños**
- dibujan una lonchera diferente para cada día
- colorean cada una con un color diferente

**Conexión con el hogar**
Ayúdame a decir los nombres de los días que voy a la escuela. Luego, te contaré sobre las loncheras que dibujé y los colores que usé.



46

Nombre _______________________________________________

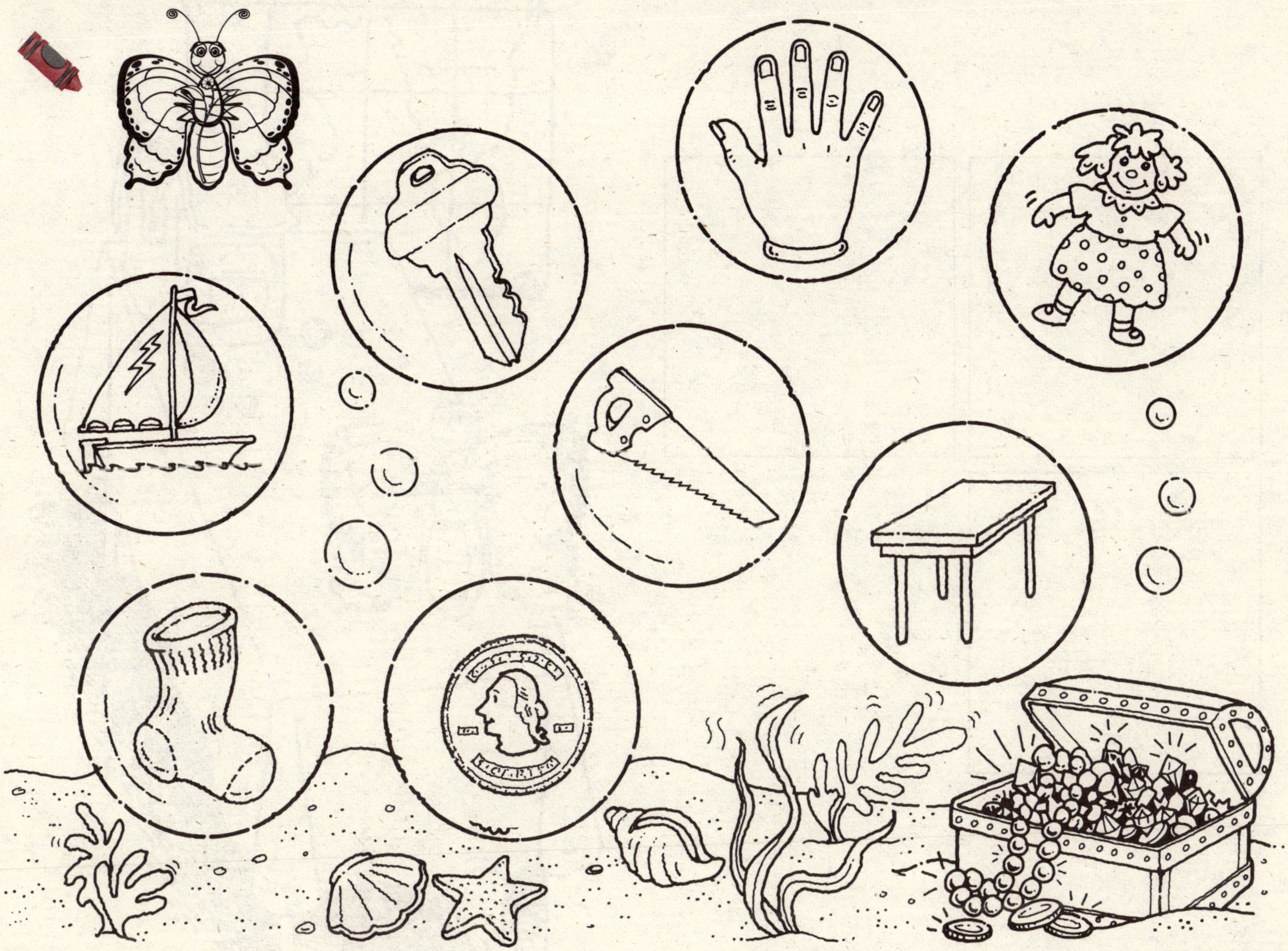

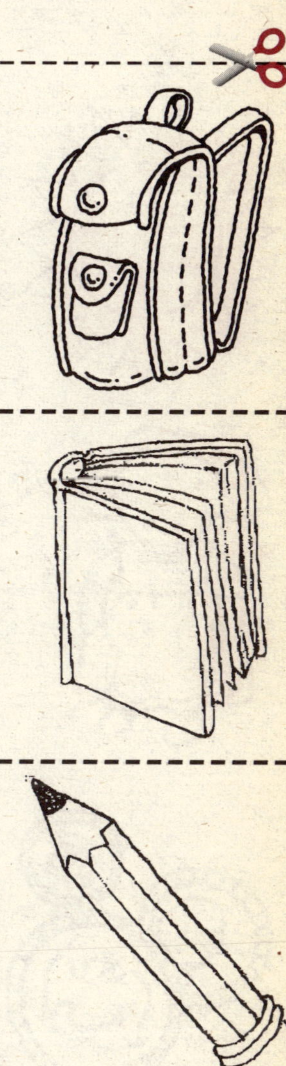



**TEMA 2: Rodeados de color**
**Semana uno**
**Conciencia fonémica: /m/**

**Los niños**
- colorean los dibujos de las páginas 47 y 48 cuyos nombres empiezan con *m*, como *Mara Mariposa*
- recortan y pegan en las cajas de la página 48 los dibujos con este sonido

**Conexión con el hogar**
Vamos a decir los nombres de todas las cosas en ambas caras de la página, que empiezan con *m*, como *Mara Mariposa*.



47

**Nombre** ____________________________________________

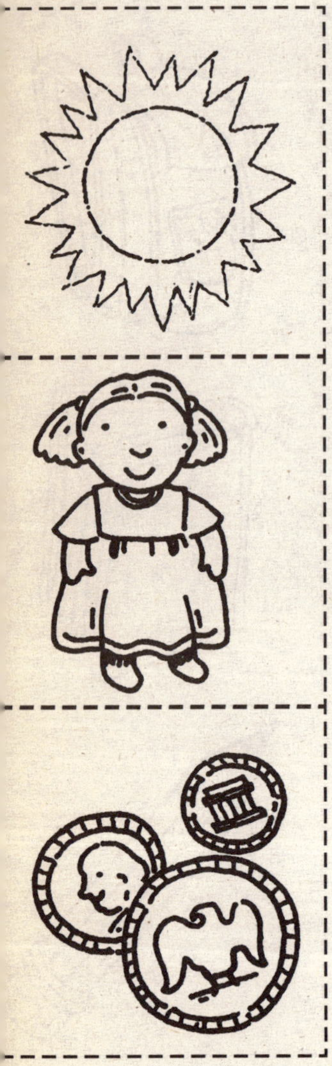

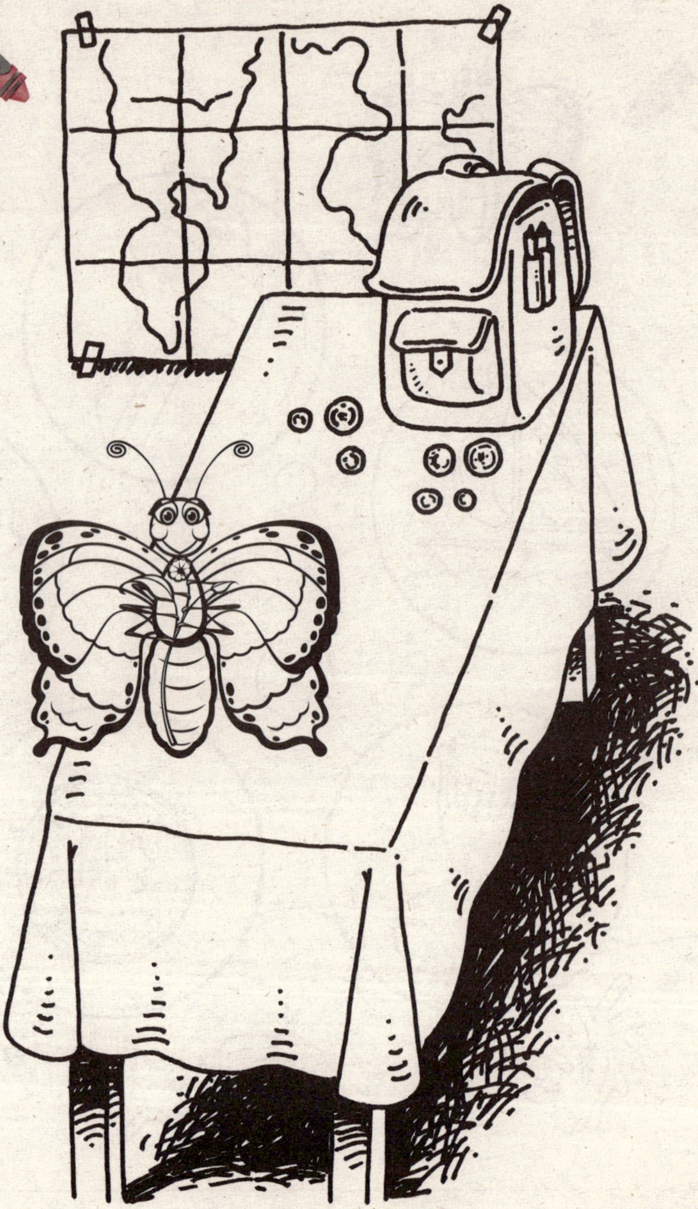

**TEMA 2: Rodeados de color**
**Semana uno**
**Conciencia fonémica: /m/**

**Nombre** ___________________________________________

**1.**  M m   M m 

**2.**

 ___________________________________________

 ___________________________________________

 ___________________________________________

 ___________________________________________

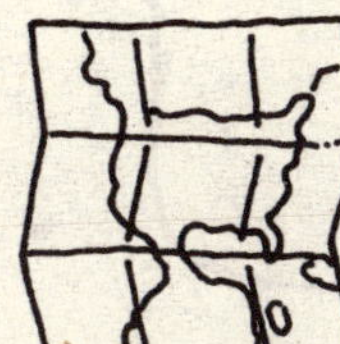 ___________________________________________

  ___________________________________________

**3.**

**TEMA 2: Rodeados de color**
**Semana uno**
**Fonética:** *ma, me, mi, mo, mu*

**Los niños**
- escriben *ma, me, mi, mo* o *mu* al lado de los dibujos para indicar con qué sonido empieza cada uno
- dibujan dos cosas con nombres que contienen la sílaba *ma, me, mi, mo* o *mu*

 **Conexión con el hogar**
Vamos a buscar en el supermercado las cosas con nombres que contienen las sílabas *ma, me, mi, mo* y *mu*.

**49**

**Yo**

1.

Yo  .

2.

 .

3.

 .

4.

Yo _____________ .

---

**TEMA 2: Rodeados de color**
**Semana uno**
**Palabra de uso frecuente *yo***

**Los niños**
en el 1, el 2 y el 3,
- escriben la palabra *Yo* para completar la
  oración

en el 4,
- hacen un dibujo para completar la oración

 **Conexión con el hogar**
Estoy aprendiendo a leer la
palabra *yo*. Te voy a leer las
oraciones.



50

1.    2.    3.



**TEMA 2: Rodeados de color**
**Semana uno**  *Salí de paseo*
**Secuencia de sucesos, Reacción**

**Los niños**

- inventan un cuento sobre un paseo por el bosque
- piensan en qué animales de diferentes colores podrían ver
- dibujan un animal en cada una de las cajas

 **Conexión con el hogar**
Voy a hacerte un cuento que inventé sobre un paseo por el bosque y los animales que vi.

# Mm M m

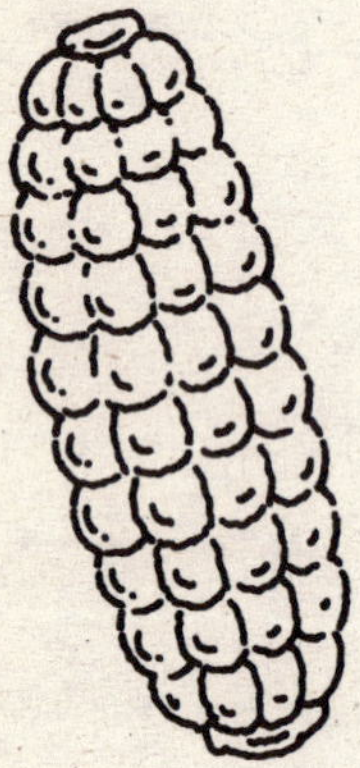

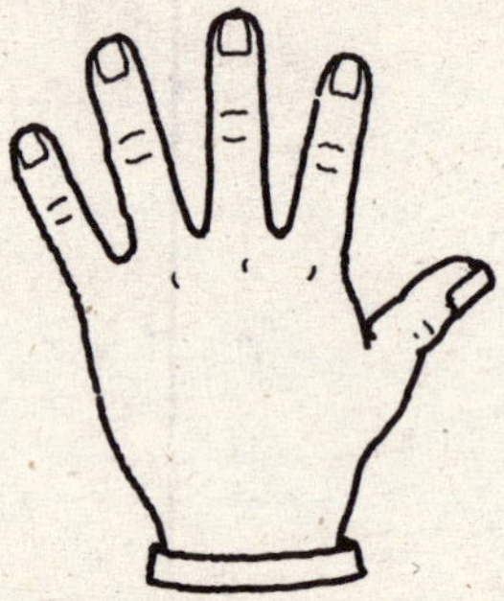

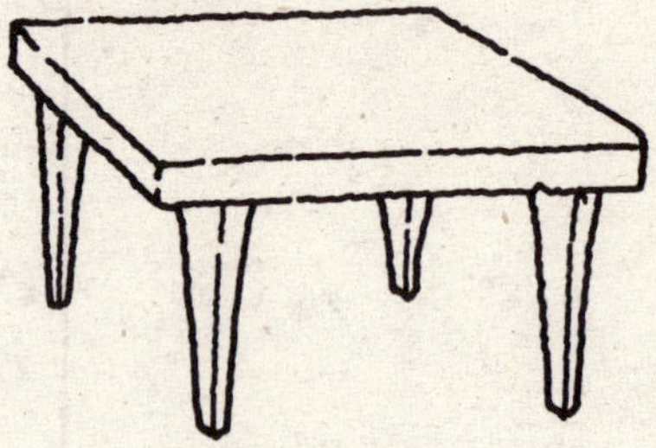

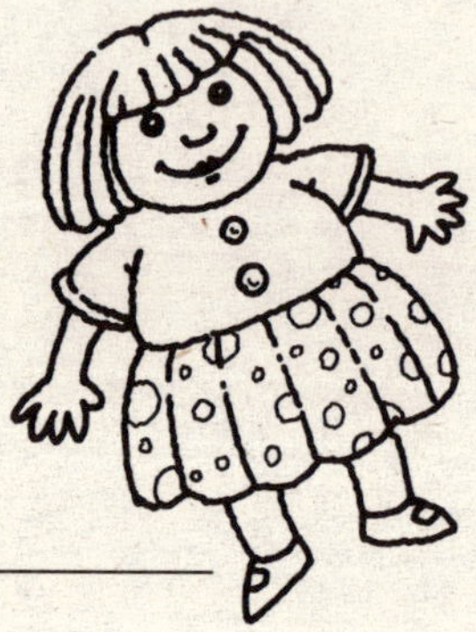

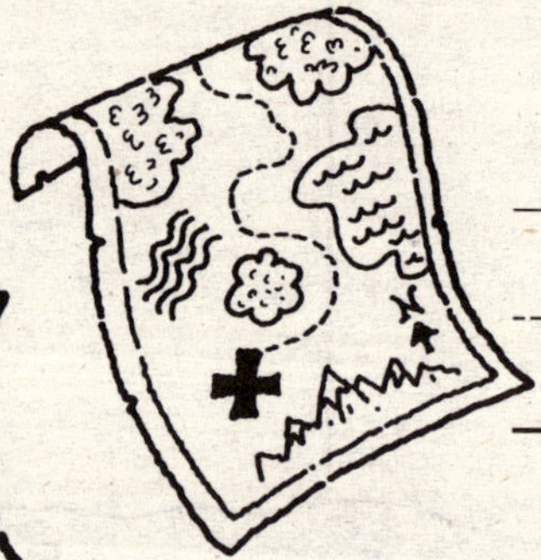

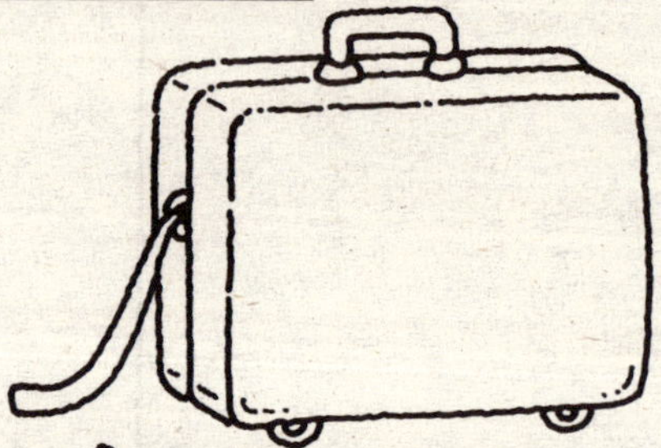

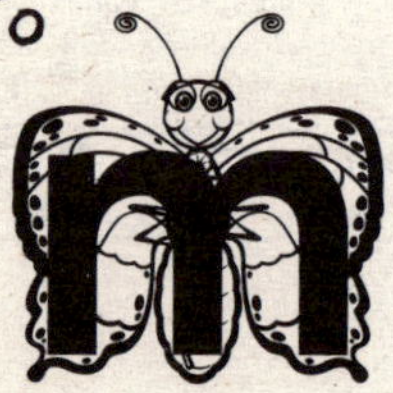

**TEMA 2: Rodeados de color**
**Semana uno**
**Fonética:** *ma, me, mi, mo, mu*

**Los niños**
- escriben *Mm* sobre las líneas
- nombran las cosas en las que *Mara Mariposa* piensa
- colorean los dibujos y escriben al lado la sílaba inicial

**Conexión con el hogar**
La próxima vez que veamos juntos la tele, vamos a buscar cosas que comiencen con los sonidos *ma, me, mi, mo, mu.*

1.

Yo

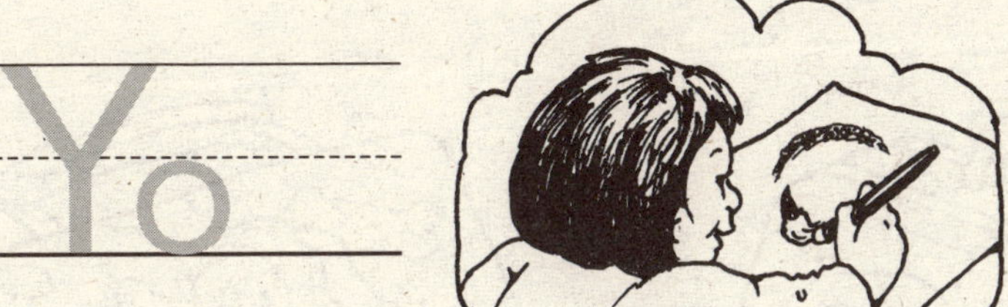

2.

3.

4.

Yo



---

**TEMA 2: Rodeados de color**
**Semana uno**
**Repaso de la palabra de uso frecuente *yo***

**Los niños**
en el 1, el 2 y el 3,
- escriben la palabra *Yo* para completar la oración

en el 4,
- hacen un dibujo para completar la oración

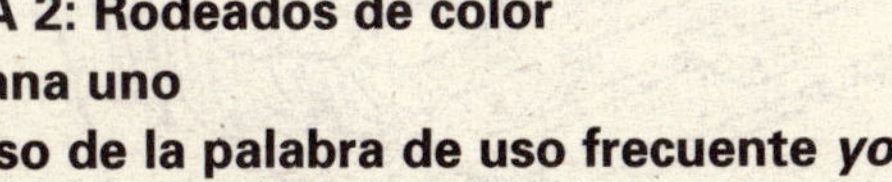
**Conexión con el hogar**
Estoy aprendiendo la palabra *yo*.
Te voy a leer las oraciones.

**53**

Diviértete coloreando las loncheras que tienen dibujos de animales.

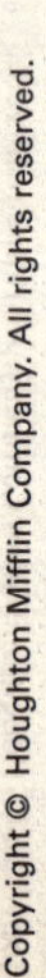

**Nombre** ___________________________________________

**TEMA 2: Rodeados de color**
**Semana dos** *Sombreros de muchos colores*
**Hacer predicciones**

**Los niños**
- piensan en lo que los monos hicieron en el cuento
- hacen predicciones acerca de lo que harían los monos con una camiseta, una cámara y un columpio
- hacen dibujos para ilustrar sus predicciones

**Conexión con el hogar**
Te voy a contar un cuento que se llama *Sombreros de muchos colores*. Luego, te voy a decir lo que están haciendo los monos que dibujé.

**TEMA 2: Rodeados de color**
**Semana dos** *Sombreros de muchos colores*
**Reacción**

**Los niños**
- piensan en cómo el hombre del cuento vendió sus sombreros e imaginan que ellos tienen una tienda de sombreros
- dibujan y colorean los sombreros que venderían

**Conexión con el hogar**
Te voy a contar sobre los sombreros que podría vender si tuviera una tienda de sombreros. ¿Cuál es tu sombrero favorito?

56

**TEMA 2: Rodeados de color**
**Semana dos**
**Conciencia fonémica: /p/**

**Los niños**
- colorean los dibujos cuyos nombres empiezan como *Papo Perro* en las páginas 57 y 58
- recortan y pegan los dibujos con este sonido en las cajas de la página 58
- dibujan algo más cuyo nombre empiece con ese sonido

**Conexión con el hogar**
Vamos a decir los nombres de todas las cosas en ambas caras de la página que empiezan con *p*, como *Papo Perro*.

**57**

**TEMA 2: Rodeados de color**
**Semana dos**
**Conciencia fonémica: /p/**

**pi**

**pe**

**pa**

**po**

**pu**

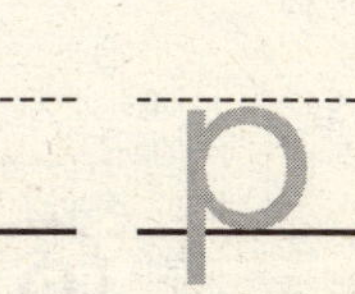

p P p P p

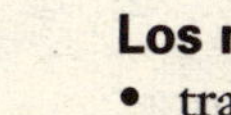

---

**TEMA 2: Rodeados de color**
**Semana dos**
**Fonética:** *pa, pe, pi, po, pu*

**Los niños**
- trazan líneas desde cada dibujo hasta su sílaba inicial
- escriben *pa, pe, pi, po, pu* y hacen un dibujo de algo que empieza con uno de estos sonidos

 **Conexión con el hogar**
Te voy a decir cuáles ilustraciones empiezan con los sonidos *pa, pe, pi, po, pu*. Luego, vamos a buscar en una revista cosas con estos sonidos.

**59**

**Yo   veo**

**1.**

Yo veo

______________ .

**2.**

Yo ______________

.

**3.**

______________

______________ veo

.

**4.**

______________

Yo ______________

.

---

**TEMA 2: Rodeados de color**
**Semana dos**
**Palabra de uso frecuente *veo***

**Los niños**
- leen las oraciones y escriben *Yo* o *veo* para completarlas
- colorean la sonrisa (sí) o la mueca (no) para mostrar si la ilustración va con la oración

**Conexión con el hogar**
Estoy aprendiendo a leer la palabra *veo*. ¡Te voy a leer esta historieta!

**60**

**Nombre** ___________________________

1.

2.

3.



**TEMA 2: Rodeados de color**
**Semana dos** *En el mar azul*
**Hacer predicciones, Reacción**

**Los niños**
- hacen predicciones sobre lo que va a hacer el niño de cada ilustración
- hacen un dibujo para ilustrar sus predicciones

**Conexión con el hogar**
Te voy a hablar del cuento *En el mar azul*. Luego, te voy a contar lo que muestran los dibujos que hice.

# P p   P   p

---

**TEMA 2: Rodeados de color**
**Semana dos**
**Fonética:** *pa, pe, pi, po, pu*

**62**

**Los niños**
- escriben *Pp* sobre las líneas en la caja de arriba
- nombran las cosas en las que *Papo Perro* piensa
- colorean los dibujos y escriben el sonido inicial de cada una

**Conexión con el hogar**
¿Me puedes ayudar a encontrar cosas o dibujos de cosas con nombres que empiezan con los sonidos *pa, pe, pi, po, pu*?

## Yo veo

**1.**

______________

**Yo** ______________   .

**2.**

______________

______________ **veo**   .

**3.**

______________

**Yo** ______________   .  **Yo veo**

**4.**

.



**TEMA 2: Rodeados de color**
**Semana dos**
**Repaso de las palabras de uso**
**frecuente *Yo, veo***

**Los niños**
en el 1, 2 y 3,
- leen la oración y escriben *Yo* o *veo* para
  completarla
en el 4,
- leen la oración y la completan con un dibujo

 **Conexión con el hogar**
Te voy a leer estas oraciones.
Luego, quizás podemos hacer
otros dibujos para completar
la oración 4.

¡Diviértete coloreando todos los sombreros! Di el nombre de los colores que usas.

**Nombre** _______________________

**1**     **2**     **3**



**TEMA 2: Rodeados de color**
**Semana tres** *Cómo los pájaros obtuvieron sus colores*
**Secuencia de sucesos**

**Los niños**
- dibujan líneas que van desde el 1, el 2 y el 3 hasta los dibujos que muestran qué sucedió primero, luego y por último en el cuento
- colorean los dibujos

**Conexión con el hogar**
Te voy a contar qué sucedió primero, qué sucedió luego y qué sucedió por último en el cuento llamado *Cómo los pájaros obtuvieron sus colores*. Yo voy a señalar los dibujos al contártelo.

**65**

1.

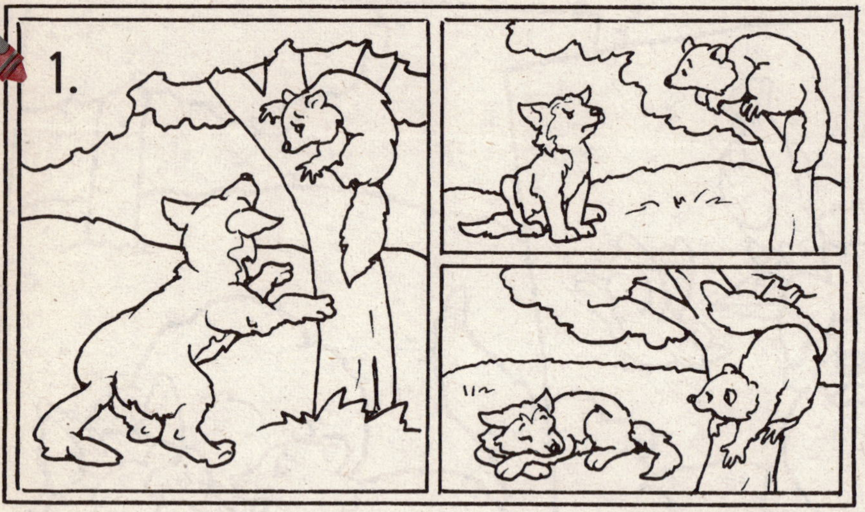

2.

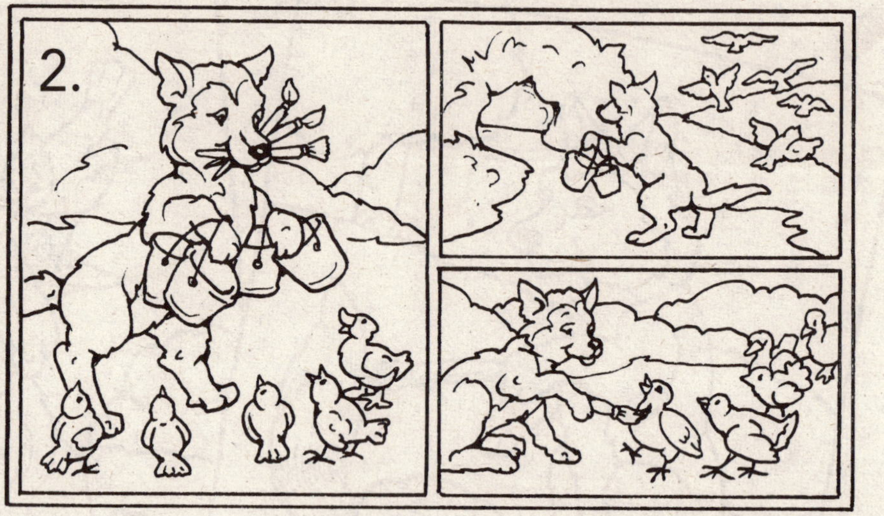

3.

---

**TEMA 2: Rodeados de color**
**Semana tres** *Cómo los pájaros*
*obtuvieron sus colores*
**Reacción**

**Los niños**
en el 1 y el 2,
- colorean el primer dibujo y rodean con un
  círculo el dibujo de lo que sucede después

en el 3,
- dibujan lo que sucede primero, luego y por último en un
  cuento sobre cómo ellos recompensarían a los pájaros

 **Conexión con el hogar**
Quizás podemos buscar en la
biblioteca otros cuentos que
dicen por qué algunas cosas
son como son.

## Nombre ______________________________

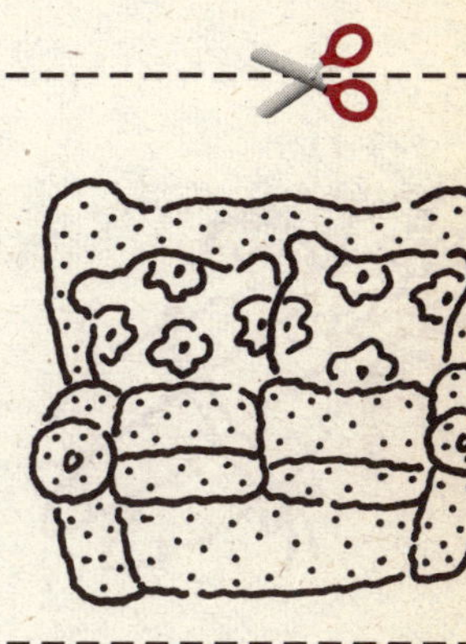

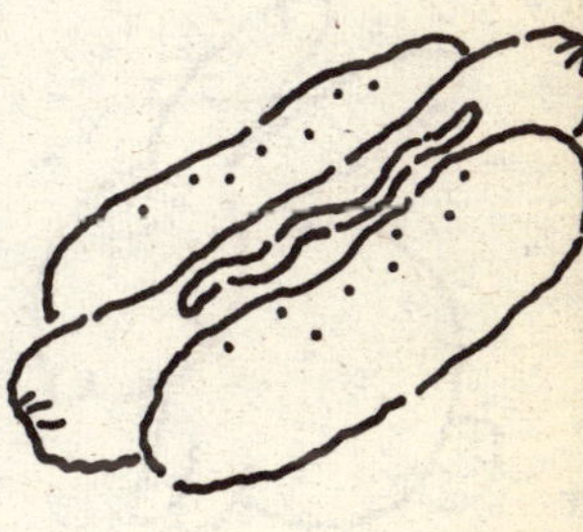

**TEMA 2: Rodeados de color**
**Semana tres**
**Conciencia fonémica: /s/**

**Los niños**
- colorean los dibujos de las páginas 67 y 68 cuyos nombres empiezan como *Susi Serpiente*
- recortan y pegan los dibujos con este sonido en las cajas de la página 68
- dibujan algo más que tenga un nombre que empieza con este sonido

**Conexión con el hogar**
Vamos a decir los nombres de todas las cosas en ambas caras de la página que empiezan con *s*, como *Susi Serpiente*.

**Nombre** ______________________________

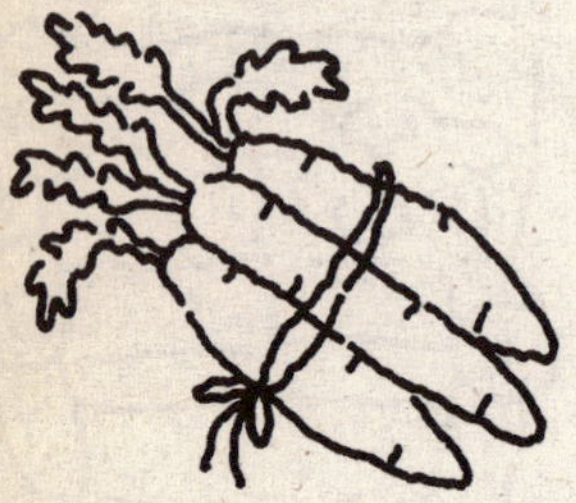

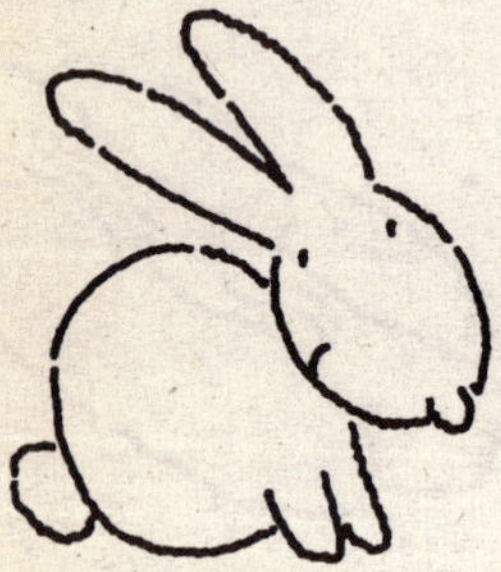

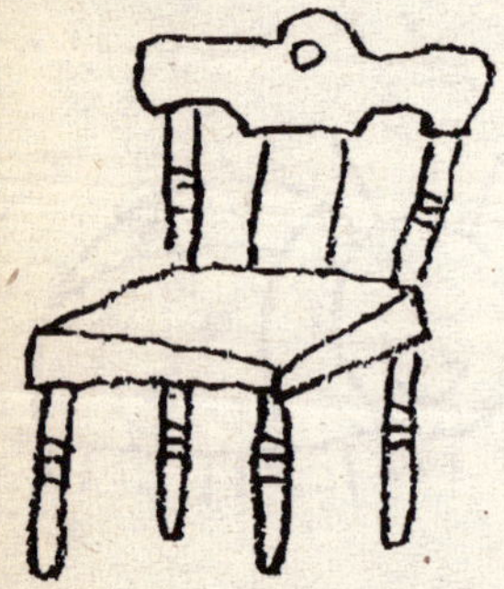

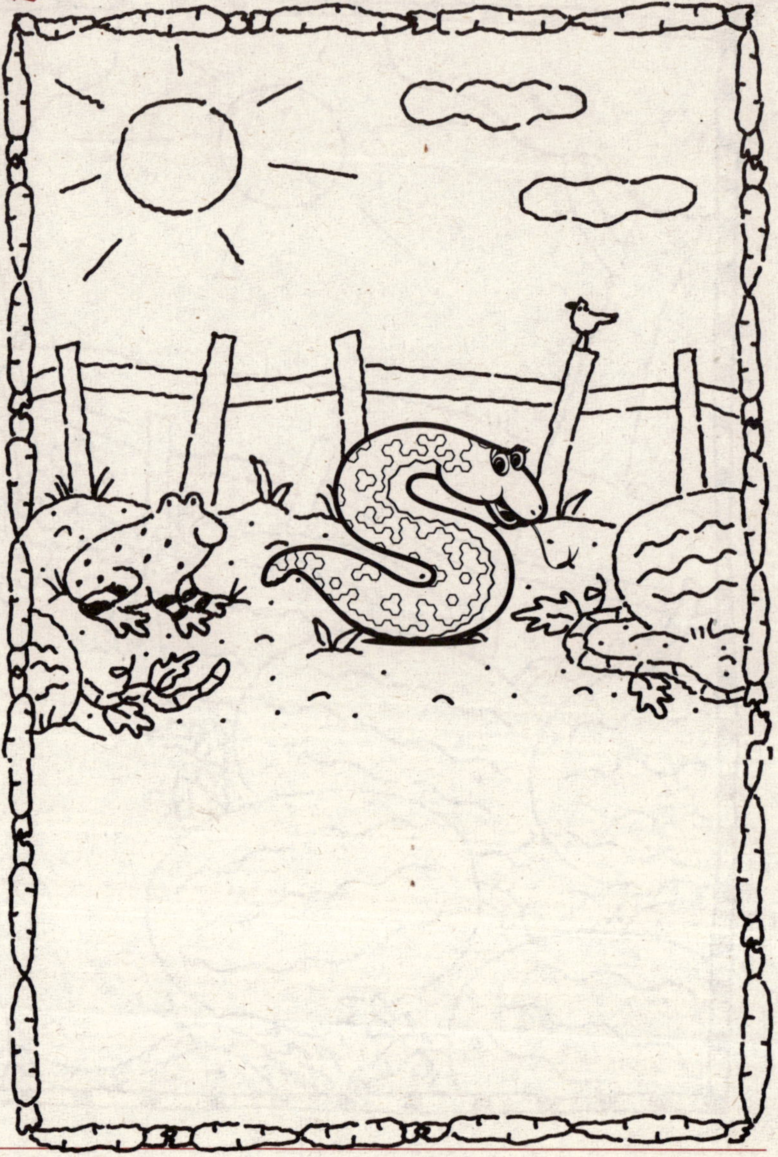

**TEMA 2: Rodeados de color**
**Semana tres**
**Conciencia fonémica: /s/**

**Nombre** _______________________________________________

S s  S  s

~SOPA~



**TEMA 2: Rodeados de color**
**Semana tres**
**Fonética:** *sa, se, si, so, su*

**Los niños**
- escriben *Ss* sobre las líneas en la caja de arriba
- nombran los dibujos de las cosas en las que piensa *Susi Serpiente*
- colorean los dibujos y escriben la sílaba inicial al lado

**Conexión con el hogar**
Vamos a buscar en libros palabras que empiecen con *sa, se, si, so* y *su*. Tú me puedes leer las palabras.

**69**

**TEMA 2: Rodeados de color**
**Semana tres** *En el mar azul*
**Hacer predicciones, Reacción**

**Los niños**
- eligen el pez que les gustaría ser y lo colorean
- observan los dibujos de los lugares
- hacen predicciones sobre lo que observarían si fueran un pez
- colorean esa ilustración

**Conexión con el hogar**
Te voy a contar sobre el pez que coloreé y las predicciones que hice acerca de lo que él observaría.

Nombre ______________________________

1.

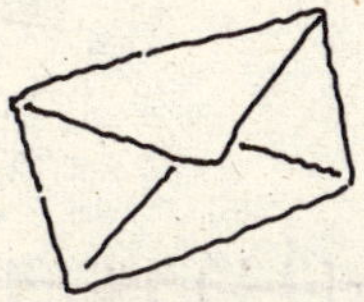

**sa**

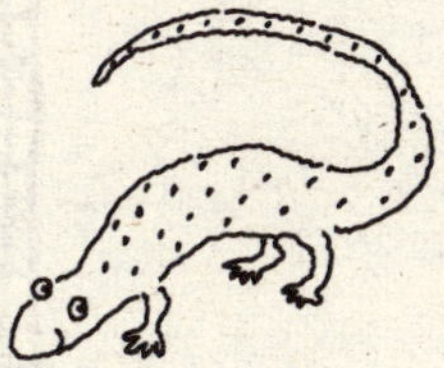

**se**

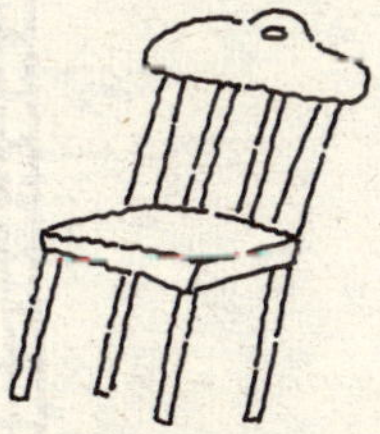

**si**

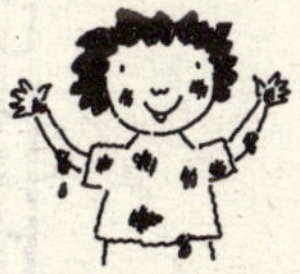

**so**

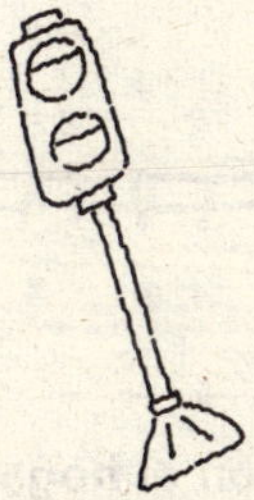

**su**

2.

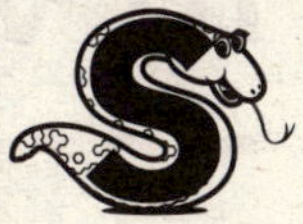



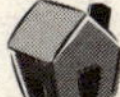

**TEMA 2: Rodeados de color**
**Semana tres**
**Fonética: *sa, se, si, so, su***

**Los niños**
- dibujan líneas desde los dibujos hasta las letras que representan el sonido inicial de éstos
- escriben una de las sílabas y dibujan algo más con ese sonido en la caja de *Susi Serpiente*

**Conexión con el hogar**
Te diré qué dibujo empieza con cada sonido: *sa, se, si, so* y *su.* Luego, buscaremos en casa objetos con nombres que empiecen con estos sonidos.

## Yo veo

**1.**

Yo _______________

**2.**

_______________ **veo**

**3.**

Yo _______________

**4.**

. 

Yo veo .

---

**TEMA 2: Rodeados de color
Semana tres
Repaso de las palabras de
uso frecuente _yo, veo_**

**Los niños**
en el 1, el 2 y el 3,
- leen la oración y escriben _Yo_ o _veo_ para completarla
en el 4
- leen la oración y dibujan una ilustración para completarla

**Conexión con el hogar**
Estoy aprendiendo a leer las palabras _yo_ y _veo_. Te voy a leer esta historieta y te voy a decir lo que _yo veo_.

1.

2.



---

**TEMA 3: Nuestra familia**
**Semana uno** *Jonathan y su mamá*
**Personajes/Ambiente**

**Los niños**
- dibujan el miembro de la familia con quien el niño del cuento dio un paseo
- colorean los dibujos de los objetos que los personajes vieron mientras saltaban, corrían y bailaban juntos por el barrio

 **Conexión con el hogar**
Voy a contarte lo que pasó en el cuento *Jonathan y su mamá* y lo que ellos vieron cuando dieron el paseo.

**73**

Nombre _______________________

1.

2.

---

**TEMA 3: Nuestra familia**
**Semana uno** *Jonathan y su mamá*
**Reacción**

74

**Los niños**
- se dibujan a sí mismos paseando con un miembro de la familia
- dibujan lo que podrían ver al pasear

 **Conexión con el hogar**
Te voy a hablar sobre los dibujos que hice. En nuestro próximo paseo, vamos a ver si vemos las cosas que Jonathan y su mamá vieron.

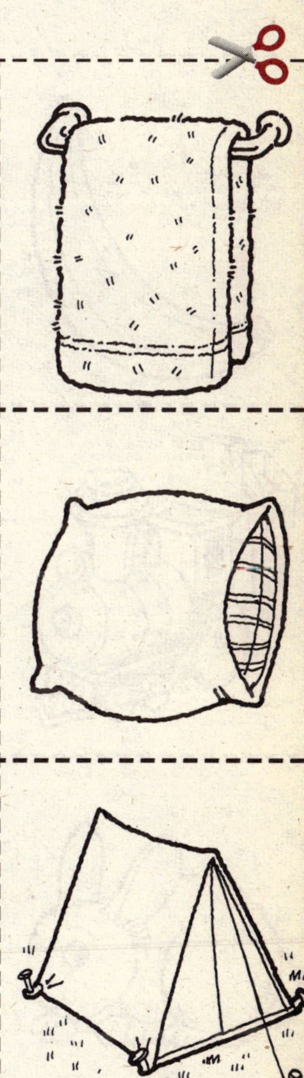

---

**TEMA 3: Nuestra familia**
**Semana uno**
**Conciencia fonémica: /t/**

**Los niños**

- colorean los dibujos de las páginas 75 y 76 cuyos nombres empiezan con *t*, como *Tico Tigre*
- recortan y pegan en las cajas de la página 76 los dibujos con este sonido
- dibujan algo más que comience con este sonido

**Conexión con el hogar**
Vamos a decir los nombres de todas las cosas en ambas caras de la página que comienzan con *t*, como *Tico Tigre*.

**75**

**TEMA 3: Nuestra familia**
Semana uno
Conciencia fonémica: /t/

**1.**  **T t** T t  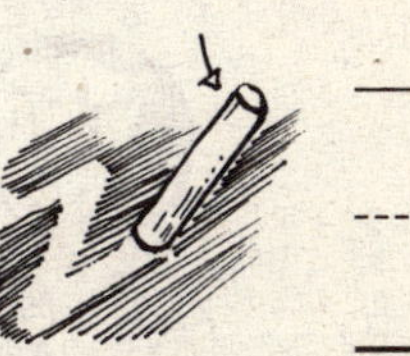

**2.** 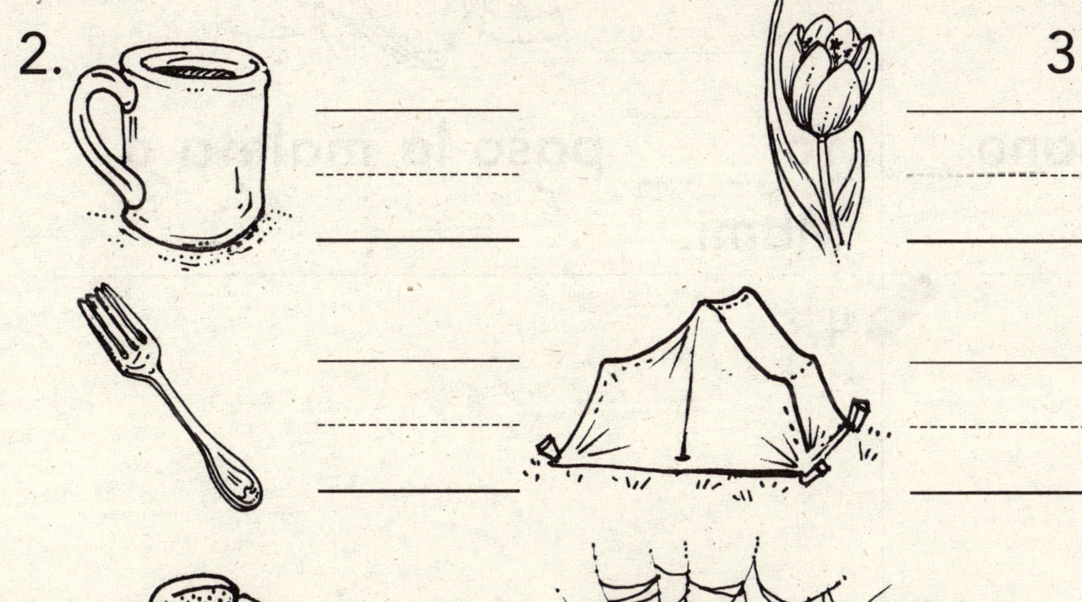

**3.** 

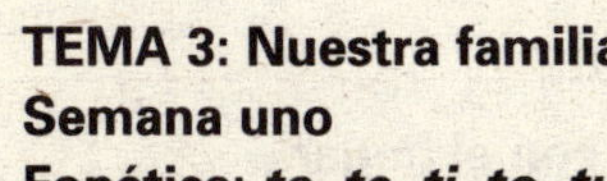


**TEMA 3: Nuestra familia**
**Semana uno**
**Fonética: *ta, te, ti, to, tu***

**Los niños**
- en el 1, escriben *Tt* sobre las líneas
- en el 2, escriben *ta*, *te*, *ti*, *to* o *tu* al lado de los dibujos para indicar con qué sonido empieza cada uno
- en el 3, dibujan dos cosas con nombres que contienen la sílaba *ta*, *te*, *ti*, *to* o *tu*

 **Conexión con el hogar**
Hoy aprendimos las sílabas *ta*, *te*, *ti*, *to*, *tu*. Vamos a buscar en un periódico viejo algunos dibujos cuyos nombres comienzan con estos sonidos.

**77**

## le

**1.** 

Mi papi ____ pasa la mano a Pepe.

**2.** 

Yo ____ paso la maleta a Mami.

**3.** 

Lola ____ pasa la nota a Lila.

**4.** 

Paco ____ pasa la pelota a Papi.

---

**TEMA 3: Nuestra familia**
**Semana uno**
**Palabra de uso frecuente** *le*

**Los niños**
- leen las oraciones y escriben *le* para completarlas
- hacen un dibujo para ilustrar la última oración

**Conexión con el hogar**
Te voy a leer estas oraciones. Luego podemos recortar las cajas para crear un libro pequeño.

**Nombre** _______________________________________________

---

**TEMA 3: Nuestra familia**
**Semana uno** *Tortillas y cancioncitas*
**Personajes/Ambiente, Reacción**

**Los niños**
- rodean con un círculo los dibujos que podrían ser personajes de un cuento
- colorean los dibujos que muestran los ambientes o lugares donde podría ocurrir un cuento
- dibujan una línea entre cada personaje y el lugar donde éste podría estar

 **Conexión con el hogar**
Voy a pensar en otros personajes que podrían aparecer en un cuento y los lugares o ambientes donde ellos podrían estar.

T t   T   t

**TEMA 3: Nuestra familia**
**Semana uno**
**Fonética: *ta, te, ti, to, tu***

**Los niños**
- escriben *Tt* en la caja de arriba
- nombran las cosas en las que *Tico Tigre* piensa
- colorean los dibujos y escriben *ta*, *te*, *ti*, *to* o *tu* al lado de los dibujos para indicar con qué sonido empieza cada uno

**Conexión con el hogar**
La próxima vez que veamos juntos la tele, vamos a buscar cosas que comiencen con los sonidos *ta*, *te*, *ti*, *to* y *tu*.

Nombre ___________________________________________

## Yo   le   veo

**1.**

______________

Yo ______ mi  .

Le paso mi a Paco.

**2.**

- - - - - - - - - - - -

______ veo mi  .

Le paso mi  a Paco.

**3.**

Yo veo mi .

______________

______ paso mi a Paco.

**4.**

Yo veo mi .

Le paso mi a Paco.

**TEMA 3: Nuestra familia**
**Semana uno**
**Repaso de las palabras de uso**
**frecuente *yo, veo, le***

**Los niños**
- en el 1, el 2 y el 3, escriben las palabras
  que faltan para completar las oraciones
- en el 4, hacen un dibujo para ilustrar
  la oración

**Conexión con el hogar**
Te voy a leer estas oraciones. Luego
podemos crear otras oraciones con
las palabras *yo*, *le* y *veo*.

81

Diviértete coloreando los dibujos de estas familias. ¿Cuántas personas hay en cada dibujo?

**Nombre** _______________________________________________

**TEMA 3: Nuestra familia**
**Semana 2** *Ricitos de oro y los tres osos*
**Sacar conclusiones**

**Los niños**
- colorean los dibujos que dan pistas sobre cuál de los tres osos va a estar más descontento cuando llega a casa
- hacen un dibujo de ese oso

**Conexión con el hogar**
Te voy a hablar sobre este dibujo. ¿Cuál de los osos piensas que va a estar más sorprendido por lo que Ricitos de oro ha hecho?

83

**1.**

**2.**

**3.**

**4.**

---

**TEMA 3: Nuestra familia**
**Semana 2** *Ricitos de oro y los tres osos*
**Reacción**

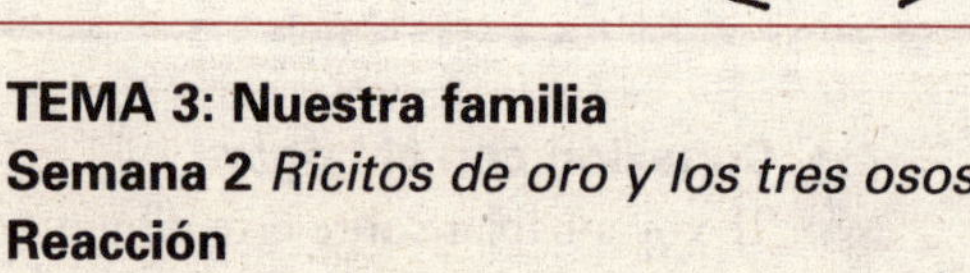

**Los niños**
- en el 1, el 2 y el 3, colorean el dibujo que muestra cómo ellos se disculparían de los osos si fueran Ricitos de oro
- en el 4, hacen un dibujo para ilustrar otra manera de pedir disculpas a los osos

**Conexión con el hogar**
Te voy a contar sobre los dibujos y sobre cómo yo pienso que Ricitos de oro debería haberles pedido disculpas a los osos.

**TEMA 3: Nuestra familia**
**Semana 2**
**Conciencia fonémica: /c/**

**Los niños**

- colorean todos los dibujos que tienen nombres que empiezan con *c*, como *Calo Cangrejo*, en las páginas 85 y 86
- recortan y pegan los dibujos con estos sonidos en las cajas de la página 86
- dibujan algo más cuyo nombre empiece con *c*

 **Conexión con el hogar**
Vamos a nombrar todas las cosas que comienzan con *c*, como *Calo Cangrejo*, en ambas caras de la página.

**TEMA 3: Nuestra familia**
**Semana 2**
**Conciencia fonémica /c/**

**1.**  C Cc C c   

**2.** 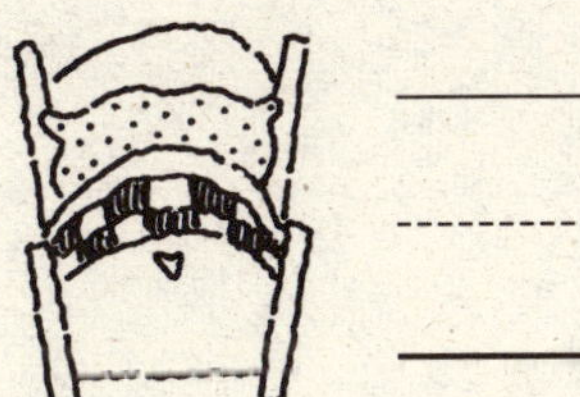

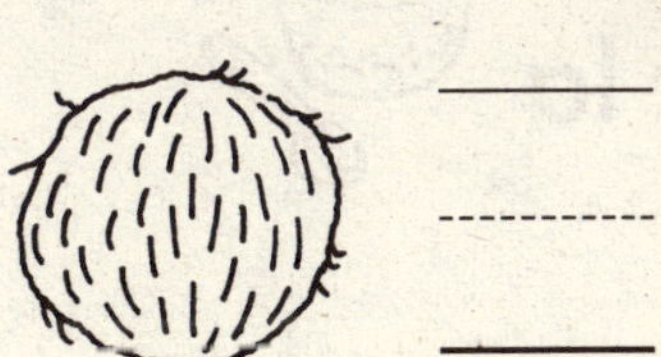

**3.** 

**TEMA 3: Nuestra familia**
**Semana 2**
**Fonética:** *ca, co, cu*

**Los niños**
- en el 1, escriben *Cc* sobre las líneas
- en el 2, escriben la sílaba que corresponde con cada dibujo: *ca, co, cu*
- en el 3, dibujan dos cosas cuyos nombres empiecen con *ca, co* o *cu*

 **Conexión con el hogar**
Te voy a decir con qué sonido empieza cada dibujo: *ca, co* o *cu*. Luego, voy a buscar otras cosas con nombres que empiezan con estos sonidos.

## gusta

**1.**

A ______ le _______________ la  .

**2.**

Me _______________ la  .

**3.**

A ______ le _______________ su 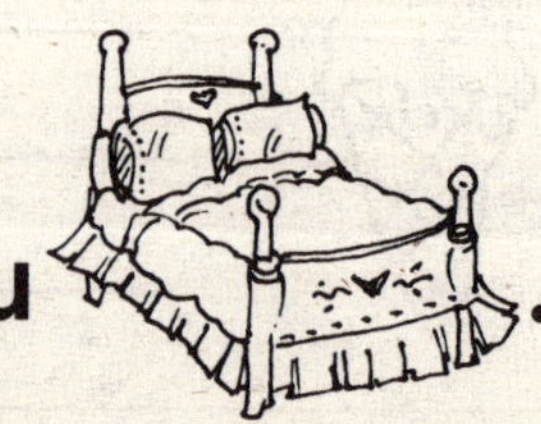 .

**4. Me gusta**

---

**TEMA 3: Nuestra familia**
**Semana 2**
**Palabra de uso frecuente *gusta***

**Los niños**
- en el 1, el 2 y el 3, leen las oraciones y escriben *gusta* para completarlas
- en el 4, leen la oración y hacen un dibujo para completarla

 **Conexión con el hogar**
Te voy a leer las oraciones con los dibujos. Luego te explicaré el dibujo que hice.



88

**Nombre** _______________________________________________

**1.**

**2.**



**Los niños**

- colorean el artículo que la familia de Jessie le podría dar al final del cuento si ella recibe los pantalones vaqueros que quería

- hacen un dibujo de algún artículo de ropa que ellos quisieran tener como regalo de cumpleaños

 **Conexión con el hogar**

Te voy a contar un cuento que se llama *Zapatos para el invierno*. Luego podemos hablar de los miembros de nuestra familia.

89

 1.

 **cu**

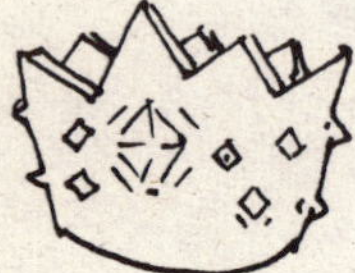

 **co**

 **ca**

 2. 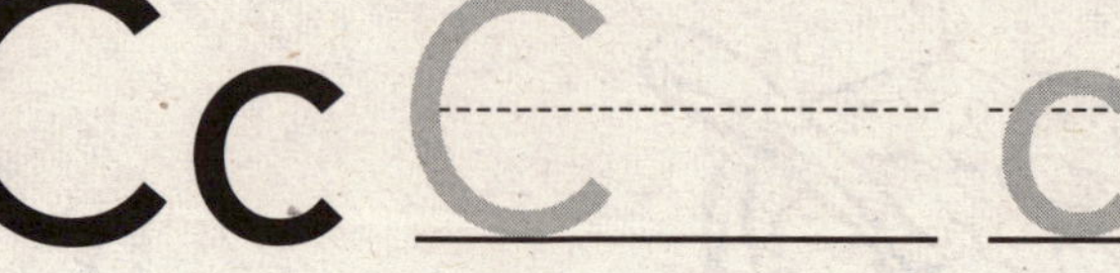

---

**TEMA 3: Nuestra familia**
**Semana 2**
**Fonética:** *ca, co, cu*

**90**

**Los niños**
- dibujan líneas desde los dibujos hasta las letras que representan su sonido inicial
- escriben una de las sílabas y dibujan algo con ese sonido en la caja donde está *Calo Cangrejo*

**Conexión con el hogar**
Te voy a hablar sobre el dibujo que hice. Luego podemos buscar más cosas cuyos nombres comiencen con los sonidos *ca*, *co* y *cu*.

# le gusta

**1.**

A Pepe le _________  .

A Lola _________ gusta  .

A Mami le _________  .

**2.**

Me gusta

---



**TEMA 3: Nuestra familia**
**Semana 2**
**Repaso de las palabras de uso
frecuente *le, gusta***

**Los niños**
- leen las oraciones y escriben *le* o *gusta*
  para completarlas
- hacen un dibujo de un animal que les gusta

**Conexión con el hogar**
Te voy a leer estas oraciones.
Luego me puedes ayudar a escribir
una lista de cosas en mi cuarto que
me gustan.

91

  ¡Diviértete coloreando todos los zapatos!

Nombre _______________________________________

**TEMA 3: Nuestra familia**
**Semana 3** *La asombrosa olla de papilla de avena*
**Comprensión, Sacar conclusiones**

**Los niños**
- dibujan al lado de cada dibujo lo que ellos piensan que debe hacer la mujer para resolver el problema que ella encontró en ese cuarto

**Conexión con el hogar**
Te voy a contar lo que la mujer encontró cuando llegó a su casa y también sobre los dibujos que yo hice.

**TEMA 3: Nuestra familia**
**Semana 3** *La asombrosa olla de papilla de avena*
**Reacción**

**Los niños**
- observan los dibujos que muestran diferentes finales para el cuento
- colorean el dibujo que eligieron como su final favorito

**Conexión con el hogar**
Si yo hubiera escrito el cuento *La asombrosa olla de papilla de avena*, mi final podría haber sido diferente. Voy a contarte cuál sería.

94

## Nombre

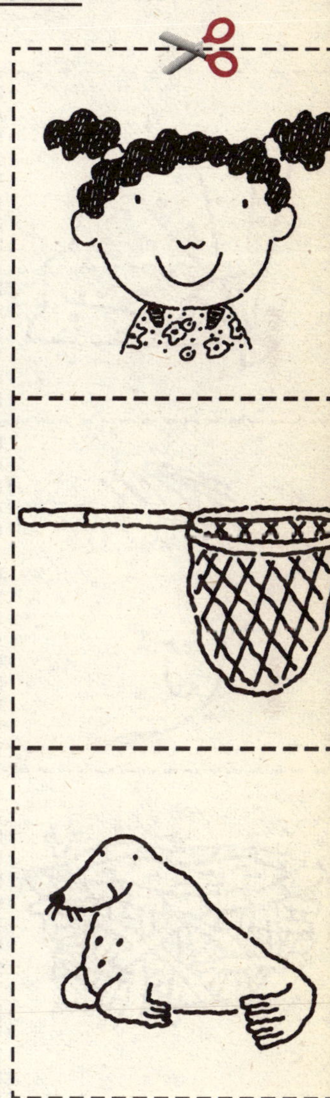

**TEMA 3: Nuestra familia**
**Semana 3**
**Conciencia fonémica: /n/**

**Los niños**
- colorean los dibujos de las páginas 95 y 96 cuyos nombres empiezan con *n*, como *Nina Nutria*
- recortan y pegan los dibujos con este sonido en las cajas de la página 96
- dibujan algo más que tenga un nombre que comience con este sonido

**Conexión con el hogar**
Vamos a decir los nombres de todas las cosas en ambas caras de la página que comienzan con *n*, como *Nina Nutria*.

**95**

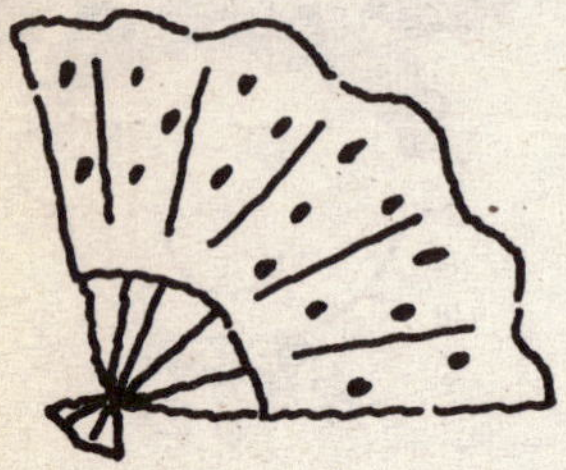

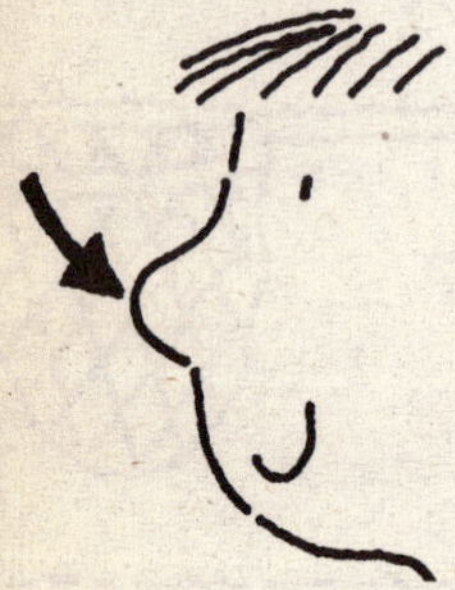

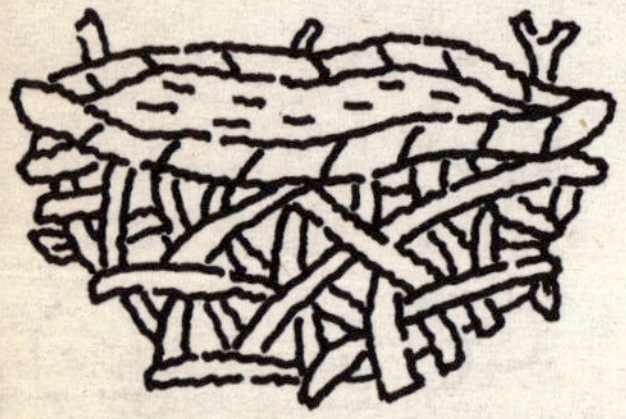

**TEMA 3: Nuestra familia**
**Semana 3**
**Conciencia fonémica: /n/**

1.

2.



---

**TEMA 3: Nuestra familia**
**Semana 3** *Tortillas y cancioncitas*
**Personajes /Ambiente, Reacción**

**Los niños**
- piensan en algo que uno de los personajes del cuento hizo en la cocina y dibujan lo que este personaje hizo
- piensan en algo que uno de los personajes del cuento hizo en el jardín y dibujan lo que este personaje hizo

 **Conexión con el hogar**
Te voy a contar el cuento *Tortillas y cancioncitas*. Quizás luego podemos buscar fotos de mi abuela y de mi bisabuela.

97

# N n  N  n

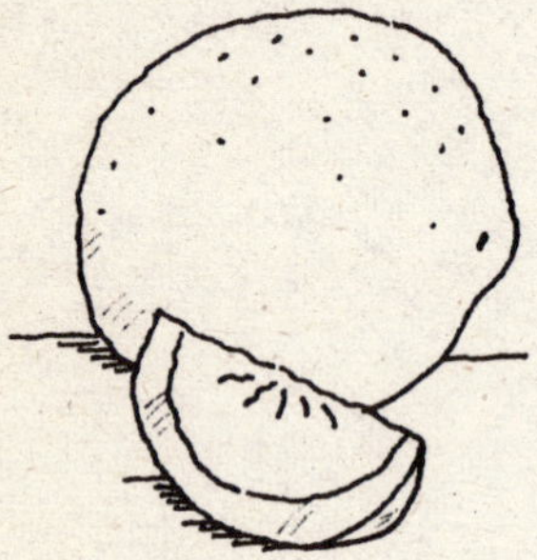

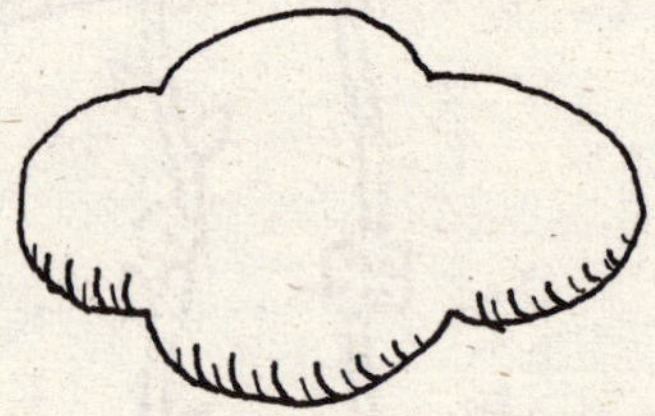

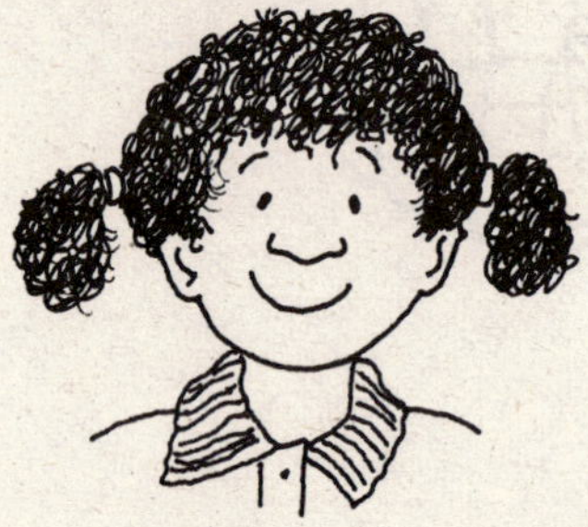

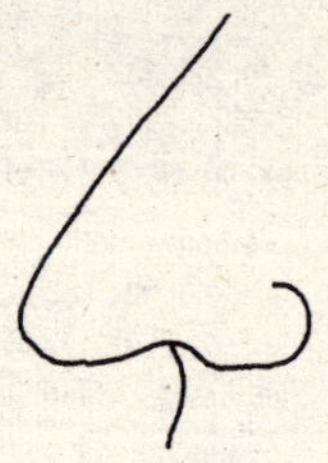

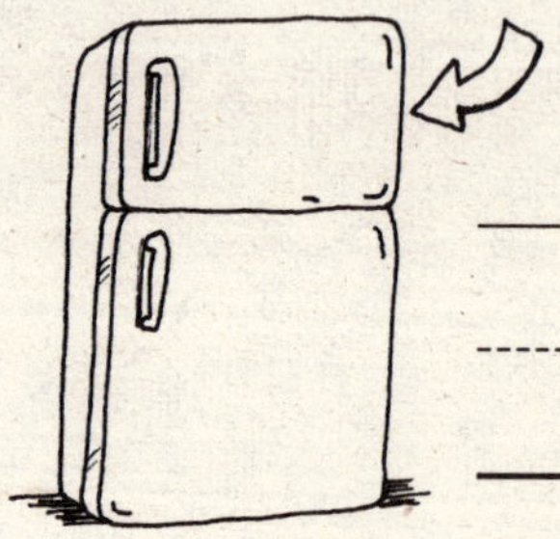

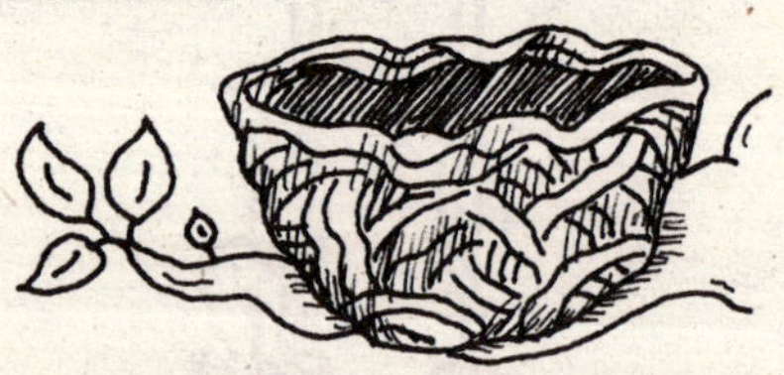

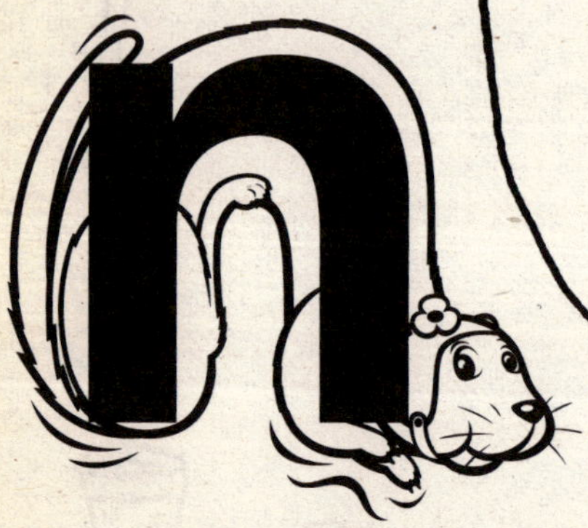

**TEMA 3: Nuestra familia**
**Semana 3**
**Fonética:** *na, ne, ni, no, nu*

**Los niños**
- escriben *Nn* sobre las líneas
- nombran los dibujos de las cosas en las que piensa *Nina Nutria*
- colorean los dibujos y escriben el sonido con el cual empieza el nombre de cada una: *na, ne, ni, no* o *nu*

**Conexión con el hogar**
Voy a buscar en los periódicos algunos dibujos de cosas que comiencen con los sonidos *na, ne, ni, no* y *nu*.

## le  gusta

**1. A Papi** __________ **gusta**

su  .

**2. A Mami le** __________

su  .

**3. A Lisa** __________ **gusta**

su  .

**4. A Paco le** __________

su 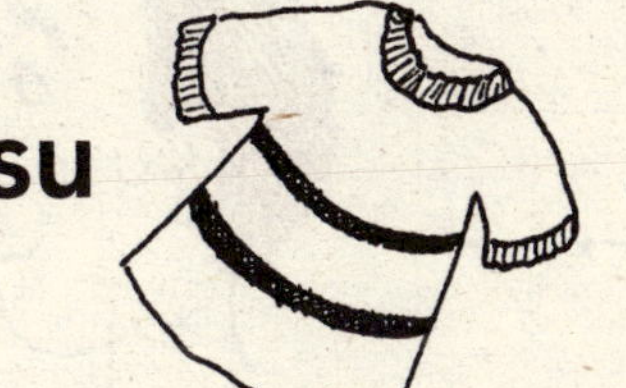 .

---

**TEMA 3: Nuestra familia**
**Semana 3**
**Repaso de las palabras de uso**
**frecuente** *le, gusta*

**Los niños**
- leen las oraciones y escriben *le* o *gusta*
  para completarlas

**Conexión con el hogar**
Voy a escribir *le* y *gusta* en un
pedazo de papel. Luego voy a
decir oraciones con esas palabras y
tú puedes escribir mis oraciones.



**99**

**1.**

**2.**

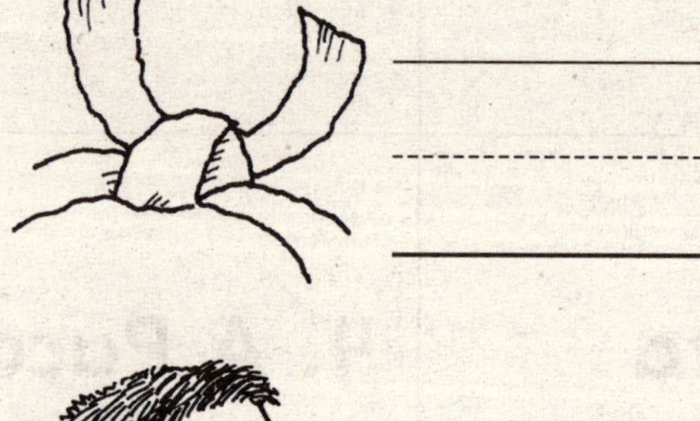

**3.**

---

**TEMA 3: Nuestra familia**
**Semana 3**
**Fonética: *na, ne, ni, no, nu***

**Los niños**

- en el 1, escriben *Nn* sobre las líneas

- en el 2, escriben *na, ne, ni, no* o *nu* al lado de los dibujos
  para indicar con qué sonido empieza cada uno

- en el tres, dibujan dos cosas con nombres que contienen
  la sílaba *na, ne, ni, no* o *nu*

**Conexión con el hogar**
Te voy a contar sobre las cosas
de esta página que comienzan
con el sonido *n*.

na

ne

ni

no

nu

2.

n N n N n



**TEMA 3: Nuestra familia**
**Semana 3**
**Fonética: *na, ne, ni, no, nu***

**Los niños**
- trazan líneas desde los dibujos con nombres que empiezan con los sonidos *na, ne, ni, no, nu* hasta las letras que corresponden con estos sonidos
- escriben *Nn* sobre las líneas y hacen un dibujo de algo que empieza con uno de estos sonidos: *na, ne, ni, no, nu*

 **Conexión con el hogar**
Te voy a contar del dibujo que hice. Luego buscaré más cosas cuyos nombres comiencen con los sonidos *na, ne, ni, no y nu*.

## yo  veo  le  gusta

**1.** 

Yo _________ .

**2.**

_________

A Pepe _________ gusta

mi  .

**3.**

_________ veo a mi  .

**4.**

Me _________ mi  .

---

**TEMA 3: Nuestra familia**
**Semana 3**
**Repaso de las palabras de uso**
**frecuente *yo, veo, le, gusta***

**102**

**Los niños**
- leen las oraciones y escriben *yo, veo, le* o *gusta* para completarlas
- dibujan algo relacionado con las oraciones en el 2 y en el 4

**Conexión con el hogar**
Te voy a leer las oraciones. Luego podemos recortar las palabras de la caja de arriba y combinarlas con palabras recortadas de revistas para formar nuevas oraciones.

**Nombre** ______________________________

1.

2.

3.

---

**TEMA 4: Somos amigos**
**Semana 1** *Amigos en la escuela*
**Organizar y resumir**

**Los niños**

1. piensan en los amigos del cuento y colorean los dibujos
2. dibujan algo que hizo uno de los grupos de amigos en el cuento
3. colorean las cosas con las cuales los amigos del cuento jugaron

 **Conexión con el hogar**
Hoy escuché el cuento *Amigos en la escuela*. Te lo voy a contar. Voy a usar los dibujos para ayudarme a recordar algunas partes.

**103**

**Nombre** _______________________________________________

**TEMA 4: Somos amigos**
**Semana 1** *Amigos en la escuela*
**Reacción**

**Los niños**
- hacen dibujos para mostrar lo que ellos y sus
  amigos podrían hacer con cada una de las
  cosas que se encuentran en la escuela

**Conexión con el hogar**
Pregúntame qué me gusta hacer
con mis amigos. ¿Qué te gustaba
hacer con tus amigos en la
escuela cuando tenías mi edad?

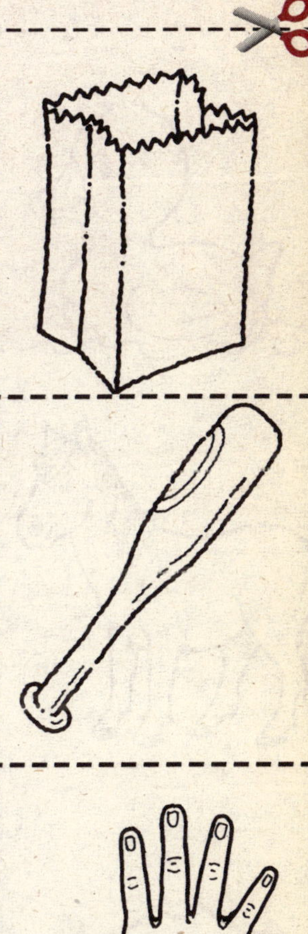



**TEMA 4: Somos amigos**
**Semana 1**
**Conciencia fonémica: /b/**

**Los niños**
- colorean los dibujos de las páginas 105 y 106 cuyos nombres empiezan con *b*, como *Beba Ballena*
- recortan y pegan en las cajas de la página 106 los dibujos con este sonido
- dibujan algo más que empiece con este sonido

 **Conexión con el hogar**
Vamos a nombrar todas las cosas en ambas caras de la página que comienzan con *b*, como *Beba Ballena*.

**105**

1.  **B**b 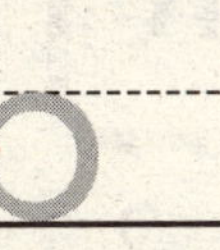 B b  

2.  

3.



**TEMA 4: Somos amigos**
**Semana 1**
**Fonética: *ba, be, bi, bo, bu***

**Los niños**
- en el 1, escriben *Bb* sobre las líneas
- en el 2, escriben *ba, be, bi, bo* o *bu* al lado de los dibujos
- en el 3, dibujan dos cosas con nombres que contienen la sílaba *ba, be, bi, bo* o *bu*.

 **Conexión con el hogar**
Hoy aprendimos las sílabas *ba, be, bi, bo, bu*. Vamos a buscar en libros dibujos de cosas con nombres que contienen estas sílabas

**107**

**un**

**1.**

Veo ______________________________

😊  ☹

**2.**

Veo ______________________________

😊  ☹

**3.**

Veo ______________________________

😊  ☹

**4.**

Veo ______________________________

---

**TEMA 4: Somos amigos**
**Semana 1**
**Palabra de uso**
**frecuente** *un*

**Los niños**
en el 1, el 2 y el 3,
- leen las oraciones y escriben la palabra *un* para completarlas
- colorean la sonrisa (sí) o la mueca (no) para indicar si los dibujos corresponden o no a las oraciones
- en el 4, dibujan algo que les gustaría ver

**Conexión con el hogar**
Voy a leerte las oraciones y podemos ver si estás de acuerdo con mis respuestas.

**108**

A B C Ch D

E F G H I J

K L Ll M N Ñ

O P Q R S T

U V W X Y Z

**TEMA 4: Somos amigos**
**Semana 1** *El alfabeto de Alberto y Zoila*
**Organización y resumen del texto, Reacción**

**Los niños**
- nombran las letras del abecedario
- colorean la primera letra de sus nombres
- escriben sus nombres sobre la línea
- hacen un dibujo de sí mismos

 **Conexión con el hogar**
¿Quieres cantar el abecedario conmigo? Podemos señalar las letras mientras cantamos.

ba   be   bo

[ ]   te

Yo veo un _______________.

[ ]   bi to

Yo veo un _______________.

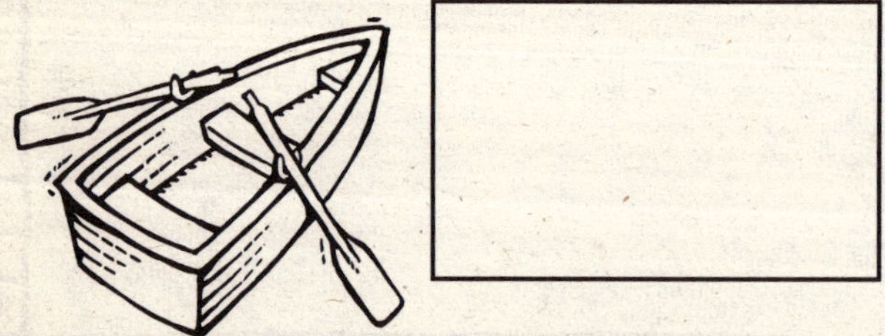

[ ]   te

Yo veo un _______________.

**TEMA 4: Somos amigos**
**Semana 1**
**Fonética:** *ba, be, bi, bo, bu*

**110**

**Los niños**
- escriben la sílaba *ba, be, bi, bo* o *bu* para completar los nombres de los dibujos
- escriben cada palabra para completar las oraciones

**Conexión con el hogar**
Vamos a recortar las cajas de letras, mezclarlas y volver a formar las palabras *bate*, *bebé* y *bote*.

**Nombre** _______________________

 **ba** → **te** _______________________

 **ba** → **se** _______________________

 **nu** → **be** _______________________

**Pepe toma un** _______________ .

**Pepe no toca una** _______________ .

**Pepe ve una** _______________ .

**TEMA 4: Somos amigos**
**Semana 1**
**Fonética:** *ba, be, bi, bo, bu*

**Los niños**
- combinan las sílabas para formar las palabras *bate*, *base* y *nube*
- escriben cada palabra para completar las oraciones

 **Conexión con el hogar**
Te voy a leer las palabras y las oraciones de esta página. Luego podemos formar otras palabras con las sílabas *ba, be, bi, bo* y *bu*.

111

## un    veo    le

**1.**  ________________

Yo veo __________ bote.

¡A Pepe le gusta!

**2.** Yo veo un bate.

________________

¡A Pepe __________ gusta!

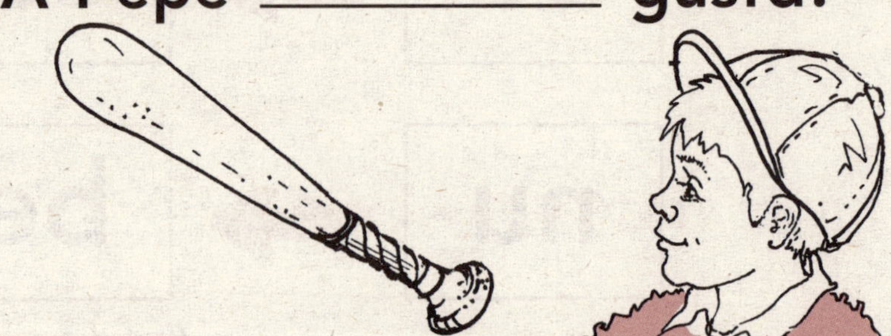

**3.** ________________

Yo __________ una nube.

¡A Pepe no le gusta!

**4.**

Yo veo un

**TEMA 4: Somos amigos**
**Semana 1**
**Repaso de las palabras**
**de uso frecuente:** *un, veo, le*

**112**

**Los niños**
- en el 1, el 2 y el 3, escriben *un*, *le* o *veo* para completar las oraciones
- en el 4, hacen un dibujo para completar la oración

 **Conexión con el hogar**
Te voy a leer las oraciones que van con cada dibujo. Luego podemos recortarlos y hacer una cubierta para crear un pequeño libro.

1.

2.

---

**TEMA 4: Somos amigos**
**Semana 2** *El león y el ratón*
**Causa y efecto**

**Los niños**

1. colorean las cosas que asustaron al ratón

2. colorean el dibujo que muestra lo que hizo
   el ratón para cumplir la promesa que le hizo
   al león

 **Conexión con el hogar**
Te voy a contar un cuento que se
llama *El león y el ratón*. Entonces
entenderás por qué el ratón hizo
un agujero en la red.

**113**

1.

2.

**TEMA 4: Somos amigos**
**Semana 2** *El león y el ratón*
**Reacción**

**Los niños**
- imaginan que son los autores del cuento y hacen un dibujo para mostar otra manera en que el ratón podría ayudar al león
- hacen un dibujo de un amigo que necesita ayuda y cómo ellos podrían ayudarlo

**Conexión con el hogar**
Hoy escuchamos un cuento que se llama *El león y el ratón*. Te lo voy a contar. Luego te explicaré los dibujos que hice.

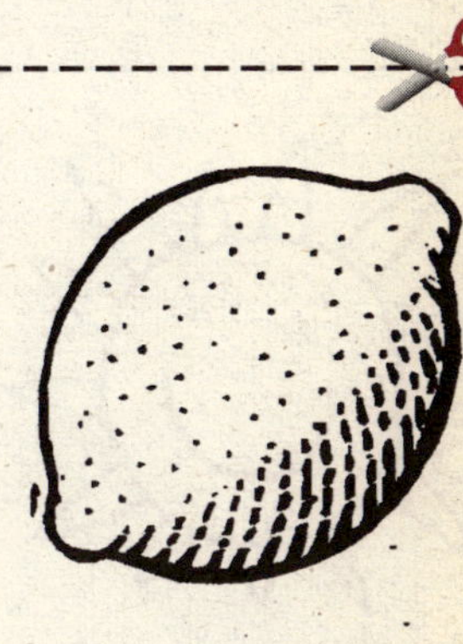

**TEMA 4: Somos amigos**
**Semana 2**
**Conciencia fonémica: /l/**

**Los niños**
- colorean todos los dibujos cuyos nombres empiezan con *l*, como *Lalo León*
- recortan y pegan los dibujos con estos sonidos en las cajas de la página 116
- dibujan algo más cuyo nombre empiece con ese sonido

 **Conexión con el hogar**
Voy a nombrar todas las cosas en ambas caras de la página que comienzan con *l*. Luego, podemos buscar objetos en la casa cuyos nombres empiecen con *l*.

**115**

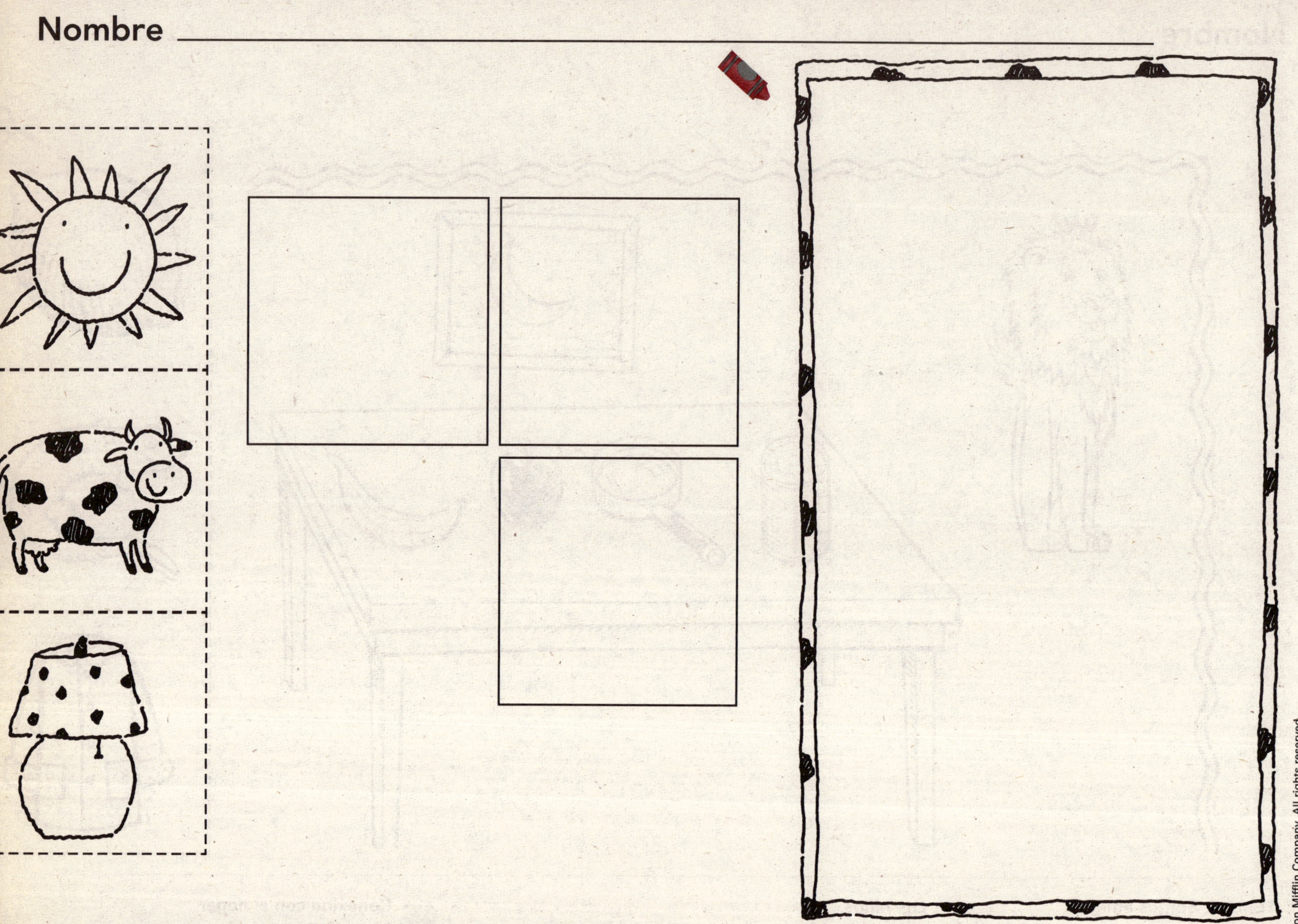



**TEMA 4: Somos amigos**
**Semana 2**
**Conciencia fonémica: /l/**

la

le

li

lo

lu

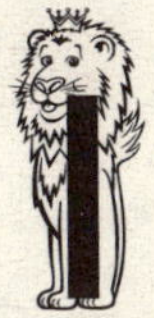

**TEMA 4: Somos amigos**
**Semana 2**
**Fonética:** *la, le, li, lo, lu*

**Los niños**
- trazan una línea desde cada dibujo hasta su sílaba inicial
- escriben *Ll* sobre las líneas y hacen un dibujo de algo que empieza con *la, le, li, lo* o *lu*

**Conexión con el hogar**
Te voy a enseñar el dibujo que hice hoy. Luego te puedo enseñar los otros dibujos que empiezan con los sonidos *la, le, li, lo* y *lu*.

117

mano

de ______________

osito

Lola toma la mano

______ ______ Lila.

Lisa saca su osito

______ ______ tela.

**TEMA 4: Somos amigos**
**Semana 2**
**Palabra de uso frecuente** *de*

**118**

**Los niños**
- completan las oraciones con la palabra *de*
- colorean los dibujos que corresponden a las oraciones

**Conexión con el hogar**
Te voy a leer estas oraciones y te voy a enseñar los dibujos que coloreé. Luego podemos formar otras oraciones con la palabra *de*.

1.

2.

---



**TEMA 4: Somos amigos**
**Semana 2** *Mi papá y yo*
**Causa y efecto**

**Los niños**
- rodean con un círculo los dibujos que muestran algo que el papá y el hijo jugaron juntos, porque son amigos
- hacen un dibujo de algo que ellos mismos juegan con alguien, porque son amigos

 **Conexión con el hogar**
Hoy escuchamos un cuento que se llama *Mi papá y yo*. Te lo voy a contar. Luego te explicaré por qué hice este dibujo.

lupa   lata   pelota

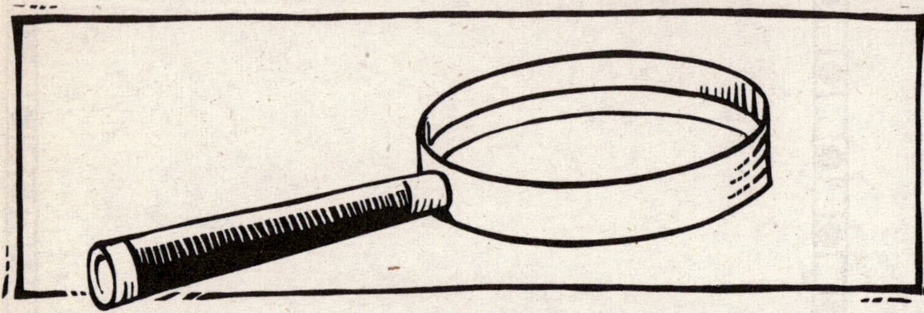

Veo una _______________.

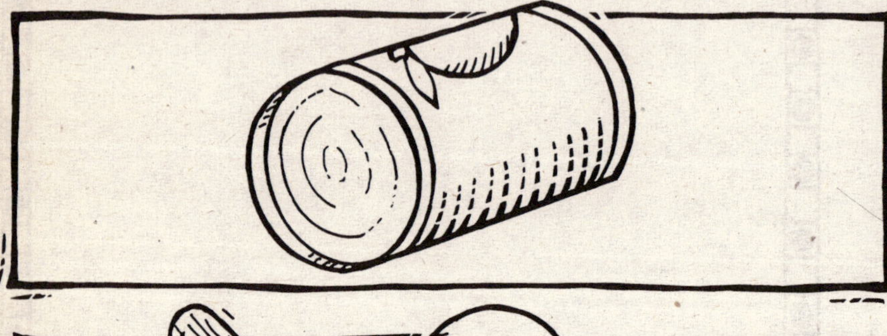

Veo una _______________.

Veo un _______________.

**TEMA 4: Somos amigos**
**Semana 2**
**Fonética:** *la, le, li, lo, lu*

**120**

**Los niños**
- escriben una palabra para completar cada oración
- colorean los dibujos

**Conexión con el hogar**
Te voy a leer las oraciones. Luego, ayúdame a formar otras palabras con las sílabas *la, le, li, lo* y *lu*.

**Nombre** _______________________

le | lu | lo

 ma | | ta

Me gusta la ____________ .

 pe | | ca

Me gusta la ____________ .

 pe | | ta

Me gusta la ____________ .

---

**TEMA 4: Somos amigos**
**Semana 2**
**Fonética:** *la, le, li, lo, lu*

**Los niños**
- escriben sílabas para completar las palabras (*maleta, peluca, pelota*)
- escriben las palabras para completar las oraciones

 **Conexión con el hogar**
Te voy a leer estas oraciones. Luego podemos recortar los cuadros de sílabas, mezclarlos y volver a formar las palabras *maleta, peluca* y *pelota.*

**le   gusta   un   de**

**1.** A Lisa le gusta

_______________________

la bici _______________ Lola.

**2.** _______________________

_______________________

Yo como _____________ cono.

**3.** _______________________

_______________________

Me _____________ mi pato.

**4.** _______________________

_______________________

A Pepe _____________ gusta

la pelota.

---

**TEMA 4: Friends Together**
**Semana 2**
**Repaso de las palabras de uso**
**frecuente:** *le, gusta, un, de*

**122**

**Los niños**
- leen las oraciones.
- escriben *le, gusta, un* o *de* para completar
  las oraciones

**Conexión con el hogar**
Hoy completé estas oraciones.
Te las voy a leer. Luego, podemos
recortar las cajas, formar un
librito y leerlo a otras personas.

**Nombre** ______________________________

**TEMA 4: Somos amigos**
**Semana 3** *Sopa de piedras*
**Causa y efecto**

**Los niños**
- piensan en el cuento *Sopa de piedras* y cómo el hombre hizo que la gente del pueblo le ayudara
- colorean los ingredientes que los personajes del cuento añadieron a la sopa y dibujan dos ingredientes más que se podrían añadir

 **Conexión con el hogar**
Hoy escuchamos el cuento *Sopa de piedras*. Te lo voy a contar. Puedo señalar los ingredientes que coloreé mientras cuento lo que pusieron en la sopa.

**123**

**Nombre** _______________________________





**TEMA 4: Somos amigos**
**Semana 3** *Sopa de piedras*
**Reacción**

**Los niños**
- piensan en la piedra y deciden si creen que ésta realmente añadió sabor a la sopa
- imaginan cómo cambiaría el cuento si el hombre hubiera pedido ayuda para hacer una pizza de piedra en vez de una sopa
- hacen dibujos para ilustrar sus ideas

 **Conexión con el hogar**
Te voy a enseñar mi dibujo y te voy a contar el cuento que va con éste.

Nombre ___________________________________________

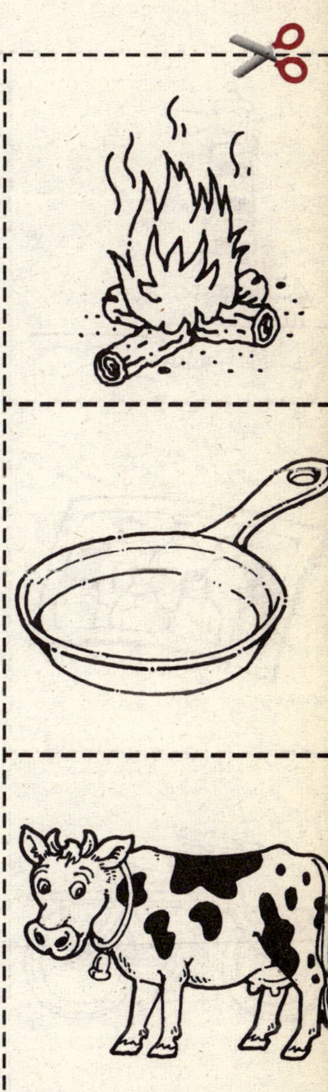

**TEMA 4: Somos amigos**
**Semana 3**
**Conciencia fonémica: /f/**

**Los niños**

- colorean los dibujos de las páginas 125 y 126 cuyos nombres empiezan con *f*
- recortan y pegan los dibujos con este sonido en las cajas de la página 126
- dibujan algo más que tenga un nombre que empieza con este sonido

**Conexión con el hogar**
Vamos a decir los nombres de todas las cosas en ambas caras de la página que comienzan con *f*, como *Fita Foca*.

**125**

**Nombre** ______________________________

A B C CH D
E F G H I J K
L LI M N Ñ
O P Q R S T
U V W X Y Z

A B C CH D
E F G H I J K
L LI M N Ñ
O P Q R S T
U V W X Y Z

**TEMA 4: Somos amigos**
**Semana 3** *El alfabeto de Alberto y Zoila*
**Organización y resumen del texto, Reacción**

**Los niños**
- escriben las letras que faltan en el abecedario
- juegan con un compañero: un niño cubre una letra con una moneda y el otro dice qué letra está cubierta

**Conexión con el hogar**
Hoy aprendí el juego "Esconde la letra". Te lo voy a enseñar.

Ff F f

---

**TEMA 4: Somos amigos**
**Semana 3**
**Fonética:** *fa, fe, fi, fo, fu*

**Los niños**
- escriben *Ff* sobre las líneas en la caja superior
- nombran las cosas en que piensa *Fita Foca*
- colorean los dibujos y escriben al lado la sílaba con la cual empieza cada uno: *fa, fe, fi, fo* o *fu*

**Conexión con el hogar**
Hoy aprendimos las sílabas *fa, fe, fi, fo, fu*. Ayúdame a buscar cosas en la casa que empiezan con estos sonidos.

**128**

Nombre _______________________________

## Veo    un    de

**1.**

Veo una foto _________ un pato.

**2.**

_________ una foto de una mofeta.

**3.**

Veo una foto de _________ mago.

**4.**

 Veo una foto de una foca.

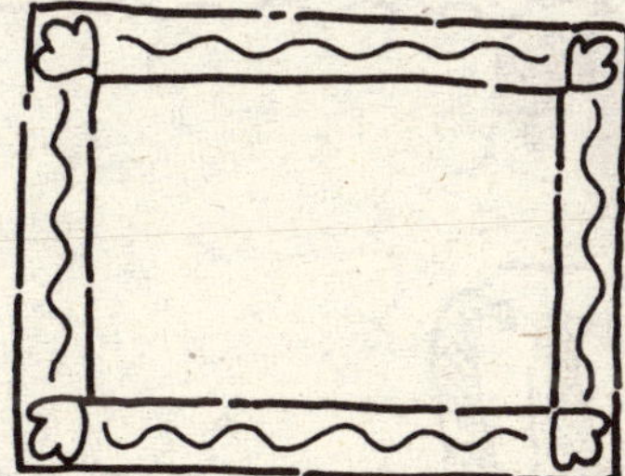

---

**TEMA 4: Friends Together**
**Semana 1**
**Repaso de palabras de uso frecuente: *veo, un, de***

**Los niños**
- en el 1, el 2 y el 3, leen las oraciones, escriben *veo, un* o *de* para completarlas y colorean los dibujos
- en el 4, hacen un dibujo para ilustrar la oración

**Conexión con el hogar**
Te voy a leer estas oraciones. Luego podemos recortar las cajas para crear un librito.

129

## foto   foca   mofeta

Yo saco una _______________ .

Pepe saca una _______________ .

Felipe saca una _______________ .

**TEMA 4: Somos amigos**
**Semana 3**
**Fonética: *fa, fe, fi, fo, fu***

**Los niños**
- leen las oraciones y escriben una palabra de la caja para completarlas
- colorean los dibujos

**Conexión con el hogar**
Vamos a escribir las palabras *foto*, *foca* y *mofeta*. Luego podemos inventar otras oraciones con estas palabras.

130

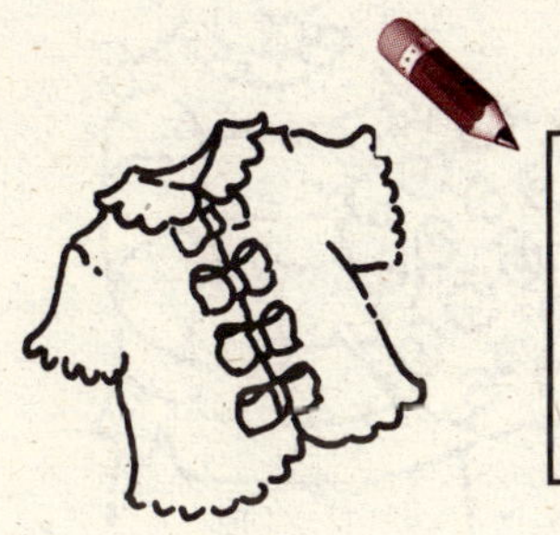

na

Veo una camisa __________.

ca

Veo una __________.

---

**TEMA 4: Somos amigos**
**Semana 3**
**Fonética:** *fa, fe, fi, fo, fu*

**Los niños**
- escriben *fi* o *fo* para completar las palabras (*fina*, *foca*)
- escriben cada palabra para completar las oraciones

**Conexión con el hogar**
Te voy a leer estas oraciones. Luego podemos recortar las cajas con letras, mezclarlas y usarlas para volver a formar las palabras *fina* y *foca*.



131

## Le un de

**1.**

Yo saco una foto

_______________

_______________ Lisa.

¿Le gusta?

**2.**

Felipe saca la

peluca de Lola.

_______________

_______________

¡_______ gusta!

**3.**

_______________

_______________

Pepe saca _______ pato

de tela.

**4.**

**TEMA 4: Somos amigos**
**Semana 3**
**Repaso de palabras de uso**
**frecuente:** *le, gusta, un, de*

**Los niños**
- en el 1, el 2 y el 3, leen las oraciones y escriben palabras para completarlas
- en el 4, hacen un dibujo para mostrar lo que ellos sacan de sus mochilas

**Conexión con el hogar**
Te voy a leer estas oraciones. Luego te voy mostrar el dibujo que hice de algo que yo podría sacar de mi mochila.

1.

2.

**TEMA 5: ¡Vamos a contar!**
**Semana uno**  *Los centavos de Gustavo*
**Categorizar y clasificar**

**Los niños**
1. dibujan los regalos que Gustavo le compró
   a su familia
2. dibujan los regalos que Gustavo les compró
   a sus mascotas

**Conexión con el hogar**
Pídeme que te comente sobre un
cuento que se llama *Los centavos de
Gustavo*.

**133**

1.

2.

**TEMA 5: ¡Vamos a contar!**
**Semana uno** *Los centavos de Gustavo*
**Reacción**

**Los niños**

1. dibujan las cosas que le comprarían a su propia familia y los centavos que necesitarían para comprar cada cosa

2. dibujan las cosas que le comprarían a un amigo y los centavos que necesitarían para comprar cada cosa

 **Conexión con el hogar**

¿Puedes ayudarme a pensar en unos buenos regalos para nuestra familia?

**TEMA 5: ¡Vamos a contar!**
**Semana uno**
**Conciencia fonémica: /r/**

**Los niños**
- colorean todos los dibujos de las páginas 135 y 136 cuyos nombres empiezan con *r*, como *Rolo Ratón*
- recortan y pegan los dibujos con ese sonido en la página 136, y luego dibujan algo más que empiece con ese sonido

**Conexión con el hogar**
Vamos a nombrar todas las cosas en esta hoja y el revés que empiezan con *r*, como *Rolo Ratón*.

135

Nombre ______________________________

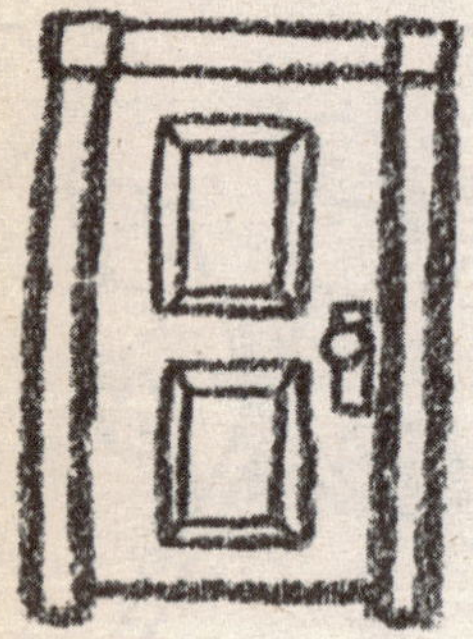

TEMA 5: ¡Vamos a contar!
Semana uno
Conciencia fonémica: /r/

**1.**  r  Rr  R  r  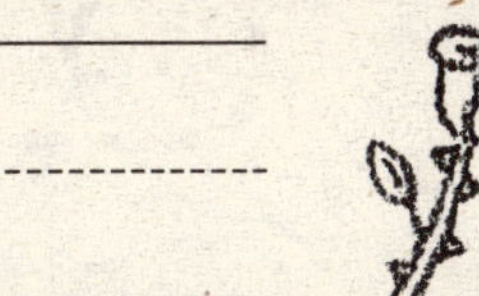 ______   ______

**2.**

  ______

  ______

  ______

  ______

  ______

**3.**



**TEMA 5: ¡Vamos a contar!**
**Semana uno**
**Fonética: *ra, re, ri, ro, ru***

**Los niños**
- para el 1 y el 2, colorean y escriben *ra, re, ri, ro* o *ru* al lado de aquellos dibujos cuyos nombres empiezan con *ra, re, ri, ro* o *ru*
- para el 3, dibujan dos cosas que empiezan con las sílabas *ra, re, ri, ro* o *ru*

 **Conexión con el hogar**
Hoy aprendimos los sonidos *ra, re, ri, ro, ru*. Ayúdame a hallar ilustraciones de cosas que empiezan con *ra, re, ri, ro* o *ru*.

**1.** _______

¿Veo un  _______ un gato?

🙂 🙁

**2.** _______

¿Veo un _______ un gato?

🙂 🙁

**3.** _______

¿Veo un _______ un gato?

🙂 🙁

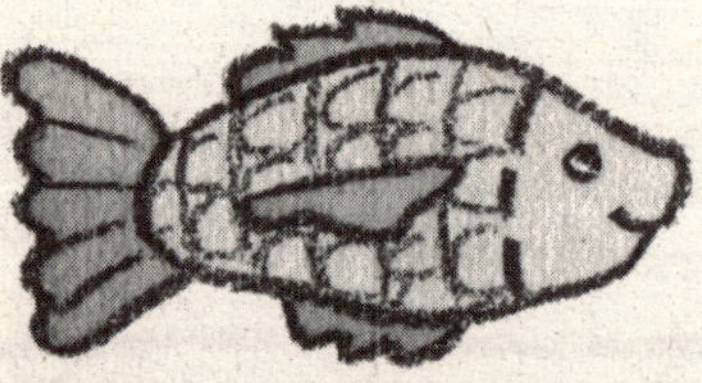 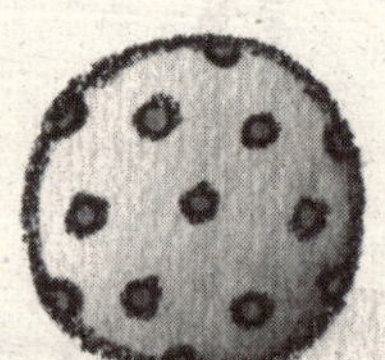

**4.** _______

Veo un _______ un gato.

---

**TEMA 5: ¡Vamos a contar!**
**Semana uno**
**Palabra de uso frecuente y**

**138**

**Los niños**
- leen las oraciones y escriben *y* para completarlas
- marcan la sonrisa (sí) o la mueca (no) para contestar las preguntas
- hacen el último dibujo

 **Conexión con el hogar**
Voy a leerte estas oraciones.

# Nombre ___________________________

**TEMA 5: ¡Vamos a contar!**
**Semana uno** *Festín para diez*
**Categorizar y clasificar, Reacción**

**Los niños**
- colorean las cosas que vieron en el cuento
  *Festín para diez*
- dibujan en el carrito los comestibles que
  comprarían para comer en casa

 **Conexión con el hogar**
Hoy escuchamos un cuento
que se llama *Festín para diez*.
Pídeme que te lo cuente.

| ra | re | ri | ro | ru |

[ ] **mo**

**to** [ ]

[ ] **mo**

Veo un ___________ rosa.

Veo un ___________ malo.

Veo un ___________ roto.

---

**TEMA 5: ¡Vamos a contar!**
**Semana uno**
**Fonética: *ra, re, ri, ro, ru***

**140**

**Los niños**
- escriben *ra, re, ri, ro* o *ru* para completar los nombres de los dibujos (*ramo, toro, remo*)
- escriben cada palabra para completar las oraciones

**Conexión con el hogar**
Puedo leer estas oraciones. Podemos recortar los cuadros que contienen las letras y formar las palabras de nuevo.

**Nombre** _______________________

| | |
|---|---|
| **re** | **ma** |
| **mi** | **ra** |
| **ra** | **na** |

_______________________
_______________________
_______________________
_______________________
_______________________

_______________________
_______________________

**Memo** _______________________ .

_______________________
_______________________

**Mira una** _______________________ .

_______________________
_______________________

**¡Una rana** _______________________ !

---

**TEMA 5: ¡Vamos a contar!**
**Semana uno**
**Fonética:** *ra, re, ri, ro, ru*

**Los niños**
- unen las sílabas en los cuadros para formar las palabras *rema*, *mira*, *rana*
- escriben estas palabras para completar las oraciones

**Conexión con el hogar**
Por favor escúchame mientras leo estas palabras y oraciones.

**141**

y de un

**1.**



**2.**



**3.**



**4.**



**TEMA 5: ¡Vamos a contar!**
**Semana uno**
**Repaso de las palabras de uso**
**frecuente** *y, de, un*

**Los niños**
• leen las oraciones de la historieta y escriben *y*, *de* o *un* para completarlas

**Conexión con el hogar**
Te voy a leer esta historieta. Luego podemos recortarla para hacer un librito cómico.



142

**Nombre** _______________________

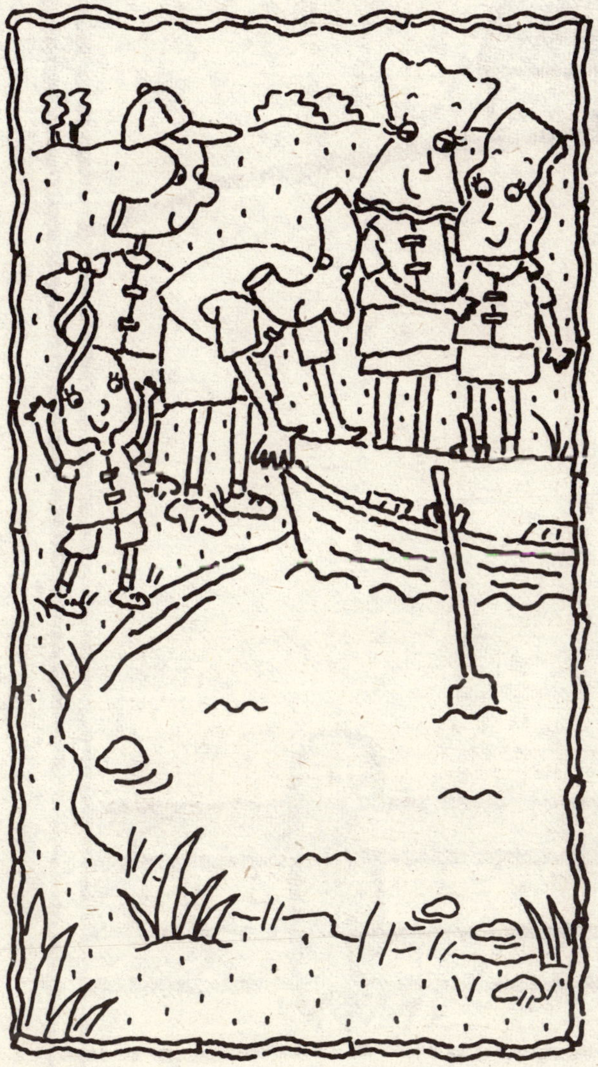

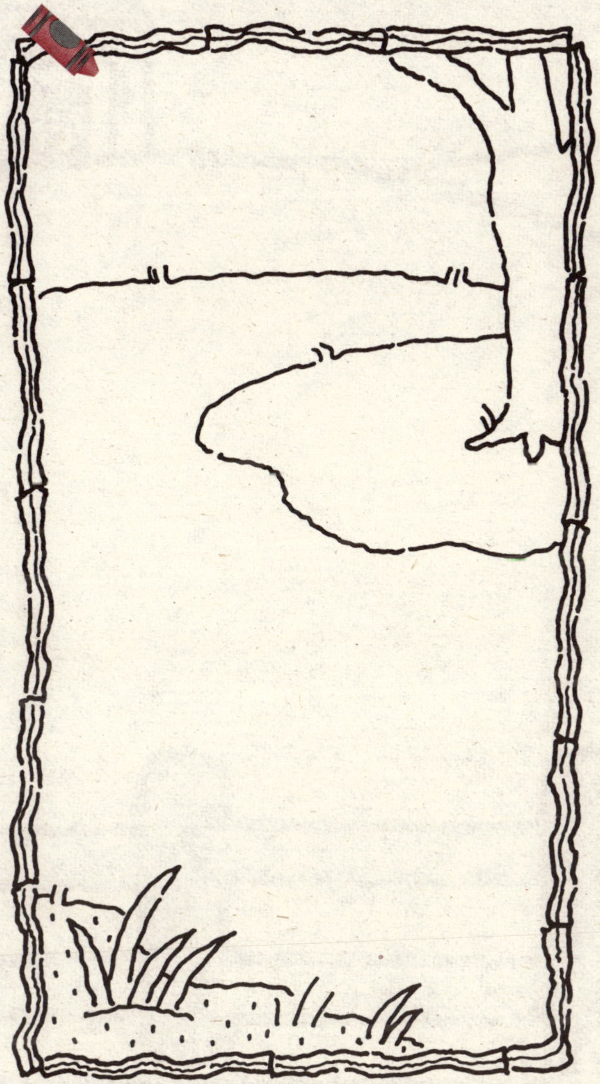

**Los niños**

- reflexionan sobre el comienzo del cuento
- terminan el dibujo para mostrar el desarrollo
- dibujan lo que la familia Pasta seguía haciendo al final del cuento

**Conexión con el hogar**
Voy a hablarte sobre el cuento *La familia Pasta*. Luego podemos contar los miembros de la familia Pasta.

**Nombre** _______________________________________

**TEMA 5: ¡Vamos a contar!**
**Semana dos** *La familia Pasta*
**Reacción**

**Los niños**
- piensan en un nuevo cuento que podrían contar sobre los Pasta en la granja
- dibujan sus ideas para su nuevo cuento

**Conexión con el hogar**
Éste es un dibujo para un cuento sobre la familia Pasta en una granja. Voy a comentártelo.

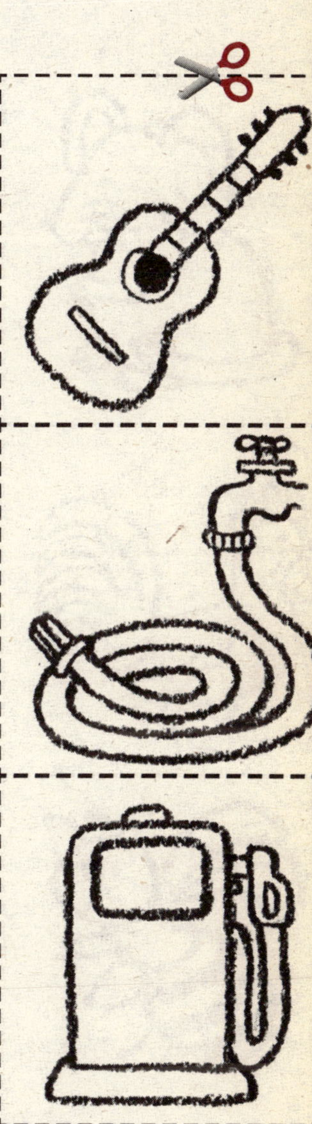

**TEMA 5: ¡Vamos a contar!**
**Semana dos**
**Conciencia fonémica: /g/**

**Los niños**
- colorean todos los dibujos de las páginas 145 y 146 cuyos nombres empiezan con *g*, como *Galo Gato*
- recortan y pegan los dibujos con ese sonido en los cuadros de la página 146, y luego dibujan algo más que empiece con ese sonido

**Conexión con el hogar**
Vamos a nombrar todas las cosas en esta hoja y al revés que empiezan con *g*, como *Galo Gato*.

 ______________________________

**Nombre** _______________________________

1. 

**go**

**ga**

**gu**

2. 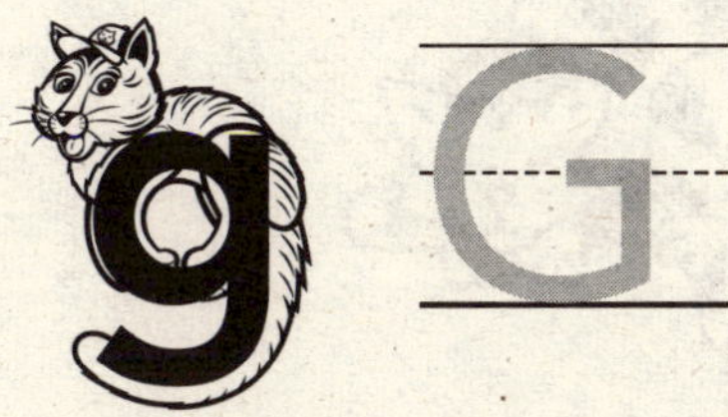

G g

**Los niños**
- trazan líneas desde los dibujos hasta las sílabas que corresponden
- escriben *Gg* sobre las líneas y dibujan algo más que empiece con *ga, go* o *gu*

 **Conexión con el hogar**
Hoy aprendimos los sonidos *ga, go, gu*. Ayúdame a buscar en una revista cosas con nombres que empiecen con estos sonidos.

**147**

gato

Voy

foca

**TEMA 5: ¡Vamos a contar!**
**Semana dos**
**La palabra de uso frecuente voy**

**Los niños**
- leen las oraciones y escriben *Voy* para completarlas
- completan los dibujos de cada oración

**Conexión con el hogar**
Puedo leerte estas oraciones.
Vamos a escribir *voy*, *gato* y *foca*
para luego formar otras oraciones
con estas palabras.

148

**Nombre** _______________________________

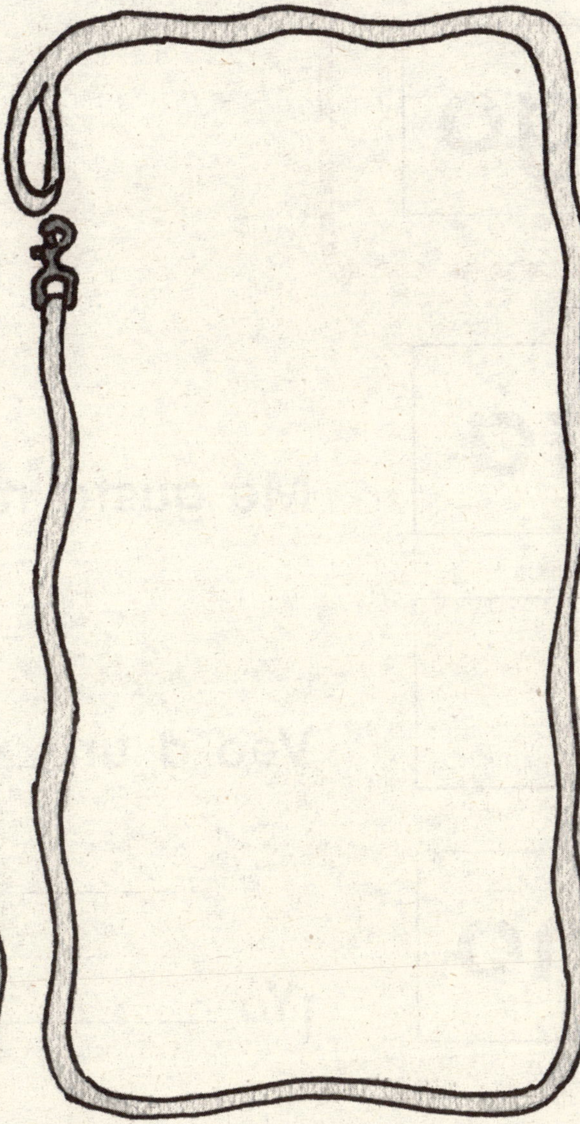

**TEMA 5: ¡Vamos a contar!**
**Semana dos** *Diez perritos*
**Comienzo/Desarrollo/Final, Reacción**

**Los niños**
- cuentan los perritos y dibujan más para mostrar cuántos perritos el niño tenía al comienzo del cuento
- dibujan lo que uno de los perritos hizo a mitad del cuento

 **Conexión con el hogar**
Voy a hablarte del cuento *Diez perritos*. Luego te comentaré sobre los dibujos.

149

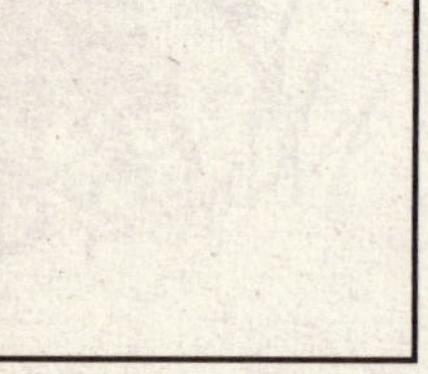

Me gusta mi _________ .

Veo a un _________ .

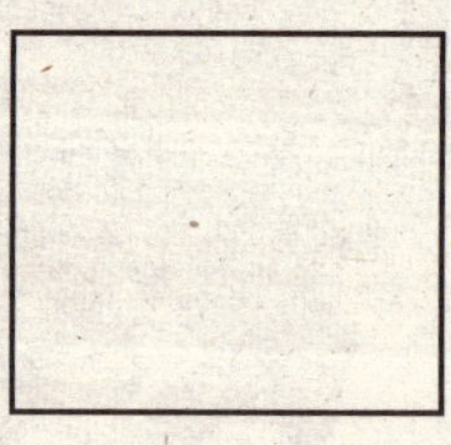

¡Yo _________ !

---

**TEMA 5: ¡Vamos a contar!**
**Semana dos**
**Fonética: *ga, go, gu***

**Los niños**
- escriben *ga* o *go* para completar las palabras *gata*, *mago* y *gano*
- escriben cada palabra para completar las oraciones

**Conexión con el hogar**
Vamos a recortrar los cuadros que contienen las letras. Yo leeré las oraciones y luego nosotros podemos formar *gata*, *mago* y *gano* de nuevo.

**150**

**Nombre** _______________________

> # mago   gato   lago

Un _______ sube.

Veo un _______ .

Un _______ rema.

**TEMA 5: ¡Vamos a contar!**
**Semana dos**
**Fonética: *ga, go, gu***

**Los niños**
- leen las oraciones y escriben *gato*, *lago* y *mago* para completarlas
- marcan la sonrisa (sí) o la mueca (no) para mostrar si los dibujos corresponden con las oraciones

**Conexión con el hogar**
Voy a leer estas oraciones. Luego podemos escribir *mago*, *gato* y *lago* en una hoja de papel y formar otras oraciones con estas palabras.

151

## un   y   Voy

**1.**



**2.**



**3.**



**4.**



---

**TEMA 5: ¡Vamos a contar!**
**Semana dos**
**Repaso de las palabras de uso frecuente *un, y, voy***

**152**

**Los niños**
- leen la historieta y escriben *un, y, Voy* para completar lo que las niñas dicen
- completan el dibujo del 4 para que corresponda con la oración

**Conexión con el hogar**
Hoy terminé esta historieta. Podemos recortar estos cuatro dibujos y hacer un librito cómico.

Nombre ______________________________

1.

2.

3.



**TEMA 5: ¡Vamos a contar!**
**Semana tres** *Paz y silencio*
**Comienzo/Desarrollo/Final**

**Los niños**
- reflexionan sobre lo que sucedió al comienzo del cuento
- colorean el dibujo que muestra lo que sucedió en el desarrollo
- dibujan lo que el hombre y la mujer hicieron al final

**Conexión con el hogar**
Voy a contarte sobre el cuento *Paz y silencio*. Usaré los dibujos para ayudarme a recordar lo que sucedió durante el comienzo, el desarrollo y el final.

**153**

1.

2.

---

**TEMA 5: ¡Vamos a contar!**
**Semana tres** *Paz y silencio*
**Reacción**

**154**

**Los niños**
- rodean con un círculo las cosas que hacen ruido
- hacen un dibujo de lo que podrían hacer para callar las cosas que hacen ruido

 **Conexión con el hogar**
Vamos a caminar por la casa y buscar cosas que hacen ruido y podrían impedirnos dormir.

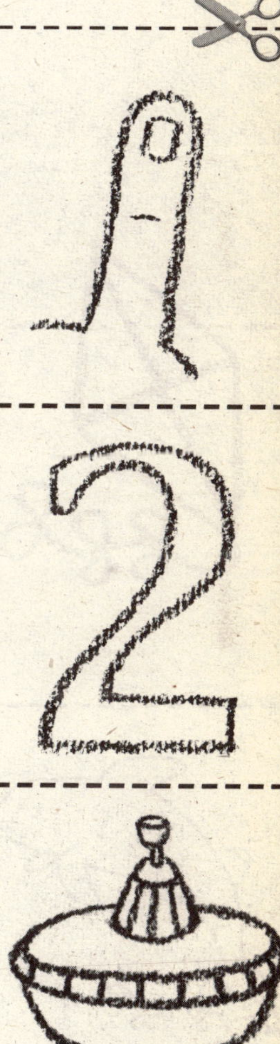

**TEMA 5: ¡Vamos a contar!**
**Semana tres**
**Conciencia fonémica: /d/**

**Los niños**
- colorean todos los dibujos de las páginas 155 y 156 cuyos nombres empiezan con *d*, como *Dino Dinosaurio*
- recortan y pegan los dibujos con ese sonido en los cuadros de la página 156
- dibujan algo más que empiece con ese sonido

**Conexión con el hogar**
Vamos a nombrar las cosas en esta hoja y al revés que empiezan con *d*, como *Dino Dinosaurio*.

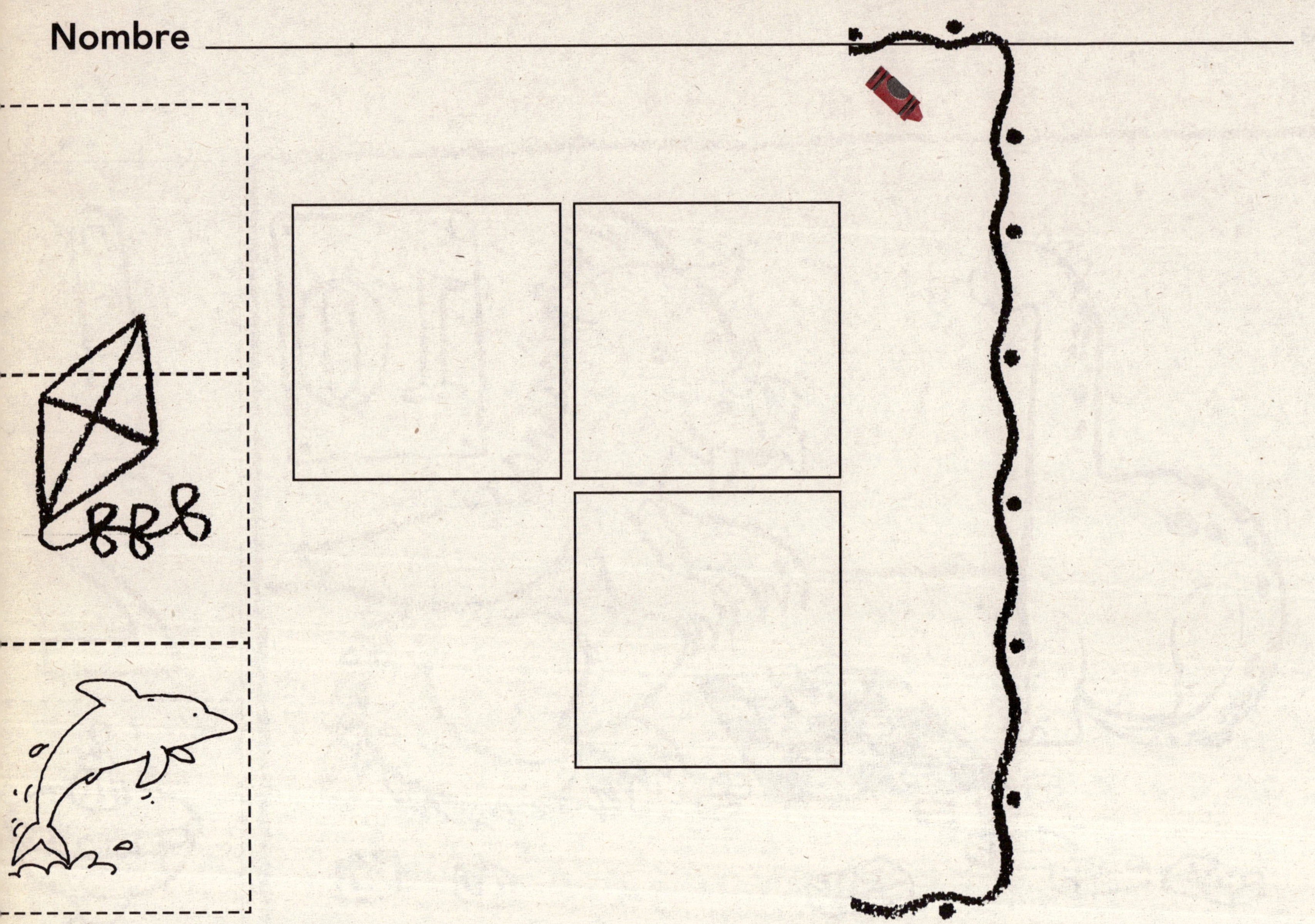

TEMA 5: ¡Vamos a contar!
Semana tres
Conciencia fonémica: /d/

Nombre ______________________________

1.

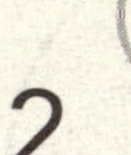

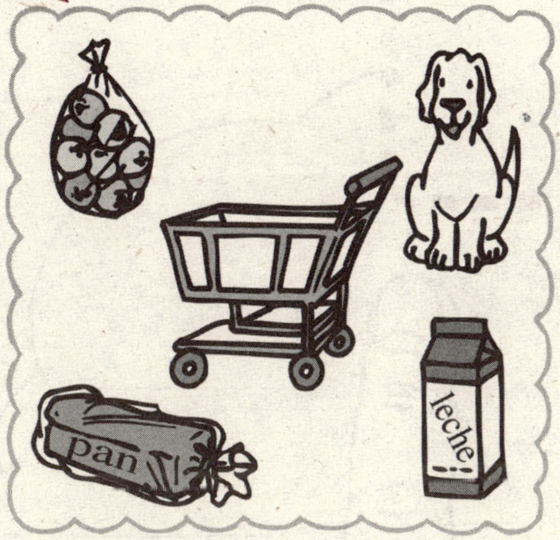


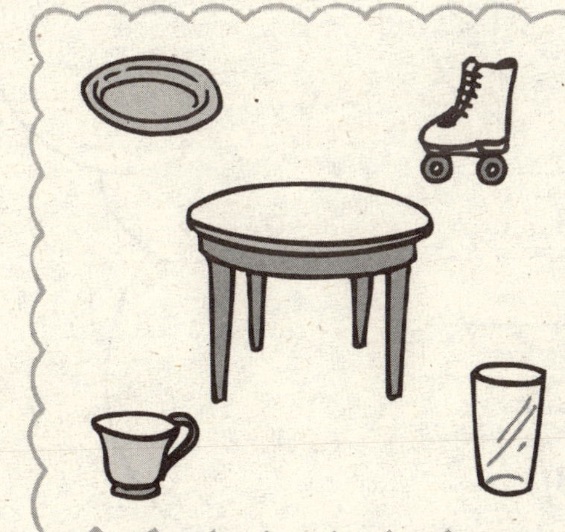

2.

3.

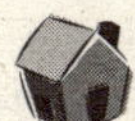

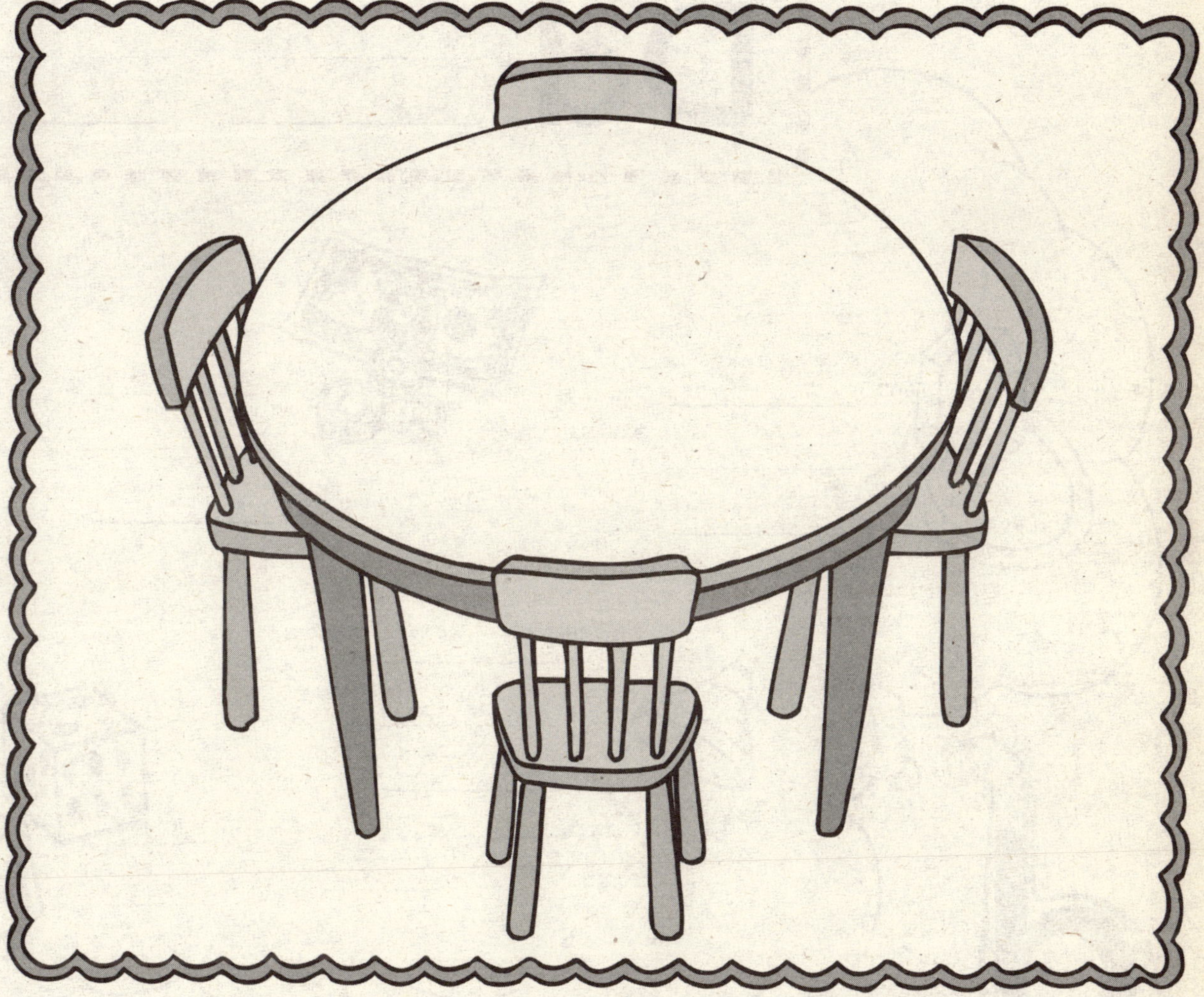

**TEMA 5: ¡Vamos a contar!**
**Semana tres** *Festín para diez*
**Categorizar y clasificar, Reacción**

**Los niños**

- trazan líneas de los comestibles al carrito
- trazan líneas de las cosas que se usan para comer a la mesa
- dibujan lo que ellos y sus familias comerían

**Conexión con el hogar**
Te voy a hablar sobre esta página y la comida especial que dibujé.

# Dd    D    d

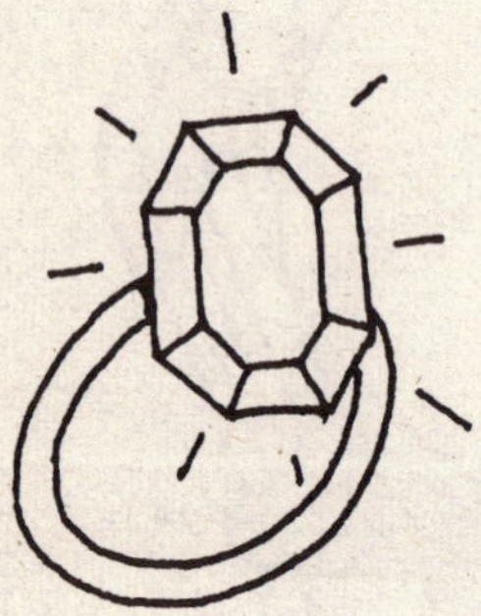

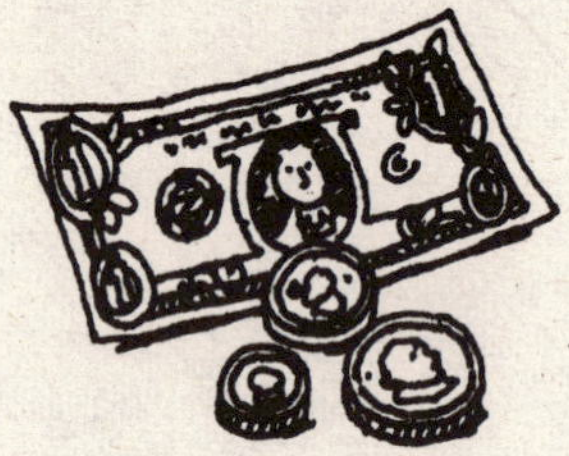

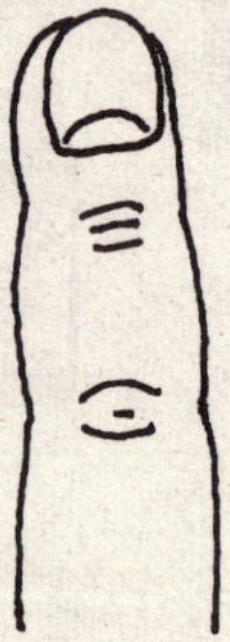

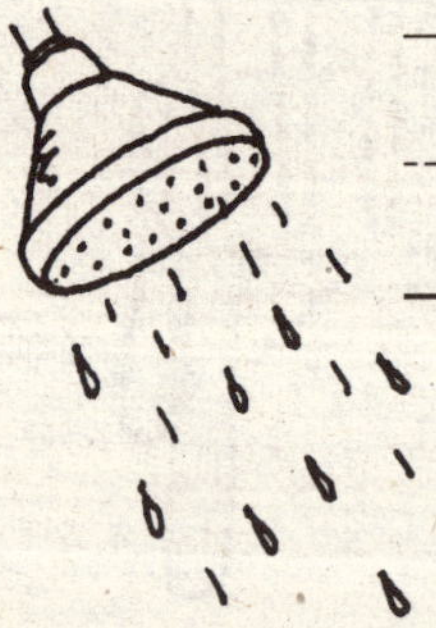

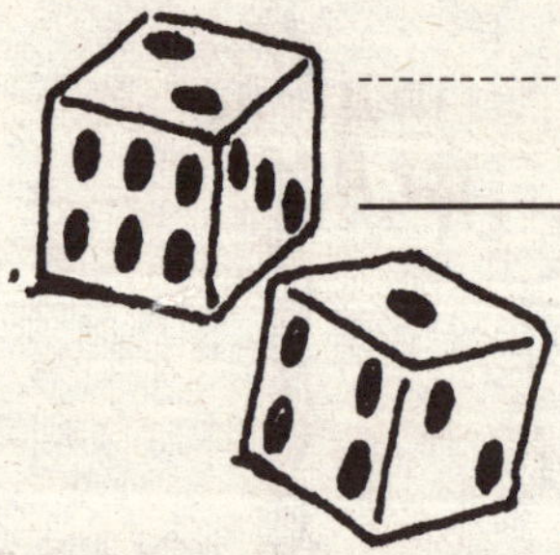

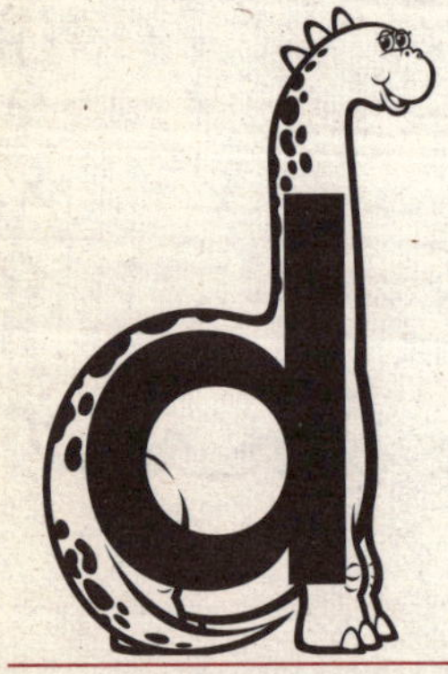

**TEMA 5: ¡Vamos a contar!**
**Semana tres**
**Fonética: *da, de, di, do, du***

**Los niños**
- escriben *D, d* en el cuadro superior
- nombran las cosas en las que *Dino Dinosaurio* piensa
- colorean los dibujos cuyos nombres empiezan con *da, de, di, do* o *du* y escriben al lado la sílaba que corresponde

**Conexión con el hogar**
Hoy aprendimos los sonidos *da, de, di, do, du*. Ayúdame a hallar cosas en nuestro hogar que empiecen con estos sonidos.

## Yo   y   voy

**1.**


**2.**


**3.**


**4.**


**TEMA 5: ¡Vamos a contar!**
**Semana tres**
**Repaso de las palabras de uso frecuente _yo, y, voy_**

**Los niños**
- leen las oraciones y escriben _Yo, y_ y _voy_ para completar lo que el dinosaurio dice
- completan el dibujo del 4 para mostrar cómo el dinosaurio se va a casa

**Conexión con el hogar**
Puedo leerte estas oraciones. ¿Qué crees que viene a recoger al dinosaurio?

**159**

| Do | ra |
| Di | ce |
| na | da |

_______________________

_______________________

_______________________

_______________________

Veo a _____________ .

_______________________

_____________ : —Mira.

Un pato _____________ .

---

**TEMA 5: ¡Vamos a contar!**
**Semana tres**
**Fonética:** *da, de, di, do, du*

**160**

**Los niños**
- unen las sílabas y escriben las palabras *Dora*, *dice* y *nada*
- escriben cada palabra para completar las oraciones

**Conexión con el hogar**
Podemos recortar las oraciones en tiras y hacer un dibujo que vaya con cada una.

**Nombre** _______________________________

da    de    do

do

do

co

Veo un _____________ .

Tiro un _____________ .

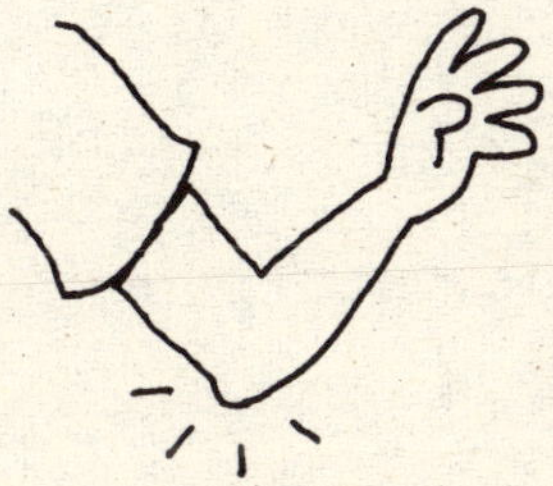

Mira mi _____________ .

**TEMA 5: ¡Vamos a contar!**
**Semana tres**
**Fonética:** *da, de, di, do, du*

**Los niños**
- escriben la sílaba apropiada para formar las palabras *dedo*, *dado* y *codo*
- escriben cada palabra para completar las oraciones

**Conexión con el hogar**
Voy a leerte las oraciones. Luego podemos recortar los cuadros que contienen letras, mezclarlos y formar las palabras de nuevo.

## y   voy   un   de

**1.** _________________

¿Sale _________ gato?

**2.** _________________

¿Sale un pato _________
sale un loro?

**3.** _________________

Sale un topo _________
mi bota?

**4.** _________________

_________ a
mi bota.

 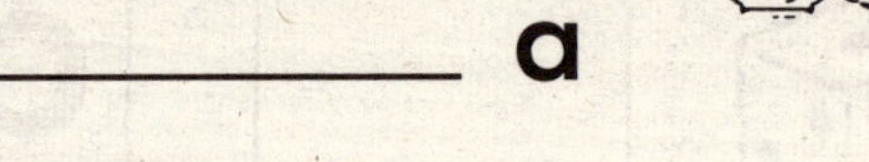

---

**TEMA 5: ¡Vamos a contar!**
**Semana tres**
**Repaso de las palabras de uso**
**frecuente _y_, _voy_, _un_, _de_**

**Los niños**
- leen las oraciones y escriben _un_, _y_, _de_ y _voy_ para
  completarlas
- para el 1, 2 y 3, marcan la sonrisa (sí) o la mueca
  (no) para mostrar si los dibujos contestan las preguntas
- para el 4, hacen un dibujo que corresponda con
  la oración

**Conexión con el hogar**
Voy a leerte las oraciones. Luego
podemos revisar si los dibujos
corresponden con ellas.

**162**

**Nombre** ______________________________

**TEMA 6: Sol y nubes**
**Semana uno** *Kit-pat trae la lluvia a la sababa africana*
**Categorizar y clasificar**

**Los niños**

- colorean los dibujos que muestran las cosas que necesitaban agua
- hacen un dibujo de algo más que necesitaría agua durante una sequía

**Conexión con el hogar**
Te voy a comentar sobre un cuento que se llama *Kit-pat trae la lluvia a la sabana africana*.

1.

2.

---

**TEMA 6: Sol y nubes**
**Semana uno**  *Kit-pat trae la lluvia a la sabana africana.*
**Reacción**

**Los niños**
piensan en los lugares donde ellos pueden encontrar agua

1. dibujan uno de estos lugares

2. se dibujan a sí mismos en un día lluvioso

 **Conexión con el hogar**
Te voy a contar cómo Kit-pat acabó con la sequía en *Kit-pat trae la lluvia a la sabana africana*. Luego te voy a mostrar los dibujos que hice.

**TEMA 6: Sol y nubes**
**Semana uno**
**Conciencia fonémica: /v/**

**Los niños**

- colorean todos los dibujos de las páginas 165 y 166 cuyos nombres empiecen con *v*, como *Vito Volcán*

- recortan y pegan los dibujos con ese sonido en la página 166

- dibujan algo más que empiece con ese sonido

**Conexión con el hogar**

Vamos a nombrar todas las cosas en esta hoja y al dorso que empiecen con *v*, como *Vito Volcán*.



**165**

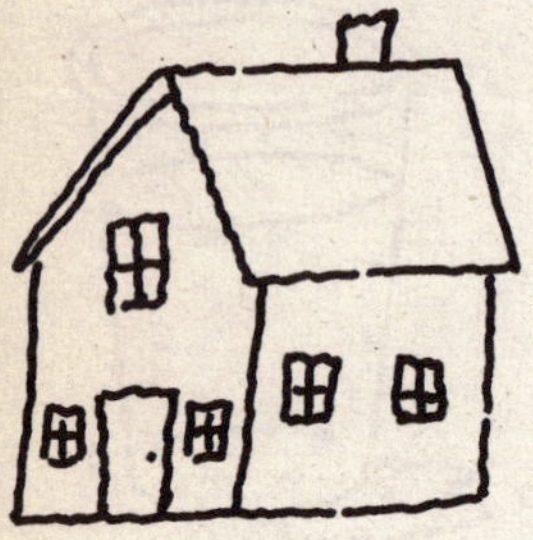

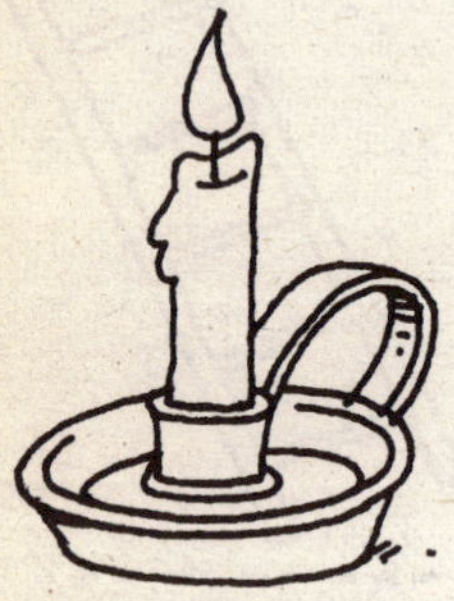

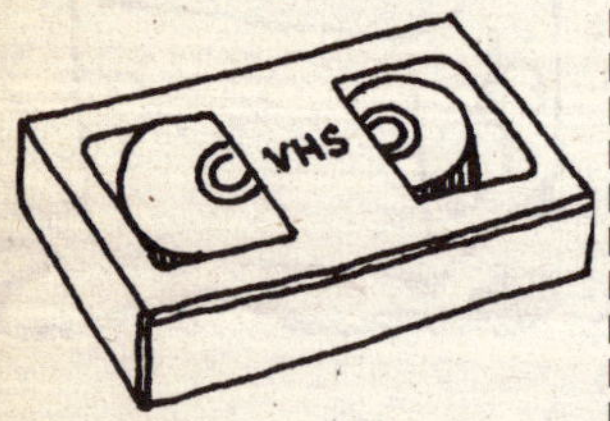

**TEMA 6: Sol y nubes**
Semana uno
Conciencia fonémica: /v/

**1.** 

V v  V  v  

**2.**

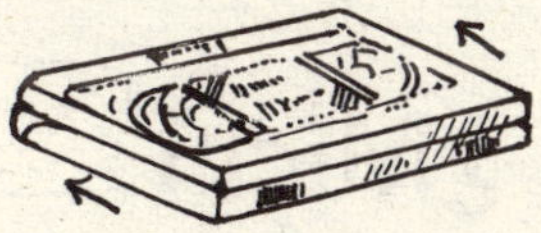

**3.**

TEMA 6: Sol y nubes
**Semana uno**
**Fonética:** *va, ve, vi, vo, vu*

**Los niños**
- para el 1 y 2, colorean y escriben *va, ve, vi, vo, vu* al lado de aquellos dibujos cuyos nombres empiecen con estas sílabas
- para el 3, dibujan dos cosas que contengan las sílabas *va, ve, vi, vo o vu*

**Conexión con el hogar**
Hoy aprendimos las sílabas *va, ve, vi, vo, vu*. Ayúdame a hallar ilustraciones de cosas que empiezan con *va, ve, vi, vo o vu*.



**167**

**es**

**1.** ___________

¿Pepe es un pato?

**2.** ___________

¿Memo ___________ un gato?

**3.** ___________

¿Mimi ___________ un pato?

**4.** ___________

¿Michi ___________ un toro?

---

**TEMA 6: Sol y nubes**
**Semana uno**
**Palabra de uso frecuente _es_**

**Los niños**
- leen las oraciones y escriben _es_ para completarlas
- marcan la sonrisa (sí) o la mueca (no) para contestar las preguntas

 **Conexión con el hogar**
Voy a leerte estas oraciones.

**168**

**Nombre** ______________________________

1.

2.

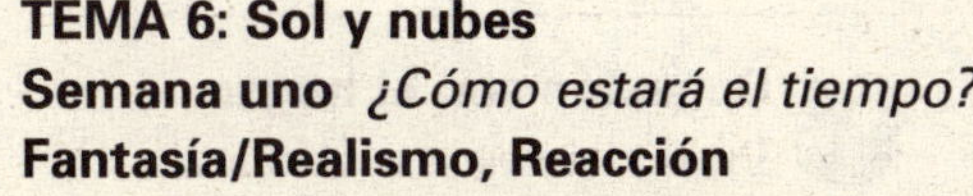

**TEMA 6: Sol y nubes**
**Semana uno**  *¿Cómo estará el tiempo?*
**Fantasía/Realismo, Reacción**

**Los niños**

1. colorean el dibujo que muestra algo que no ocurriría en ese tipo de estación

2. dibujan algo que ellos mismos harían en la estación que se muestra

 **Conexión con el hogar**

Hoy escuchamos un cuento que se llama *¿Cómo estará el tiempo?* Te voy a contar lo que aprendí del tiempo y te voy a explicar los dibujos que hice y los que coloreé.

**169**

va    ve    vo

 [   ]  **ca**     Es mi ________________________ .

 **pa**  [   ]     Es mi ________________________ .

 [   ]  **la**     Es mi ________________________ .

---

**TEMA 6: Sol y nubes**
**Semana uno**
**Fonética:** *va, ve, vi, vo, vu*

**170**

**Los niños**
- escriben *va, ve, vo* para completar los nombres de los dibujos *(vaca, pavo, vela)*
- escriben cada palabra para completar las oraciones

**Conexión con el hogar**
Puedo leer estas oraciones.
Podemos recortar los cuadros
que contienen las letras y
formar las palabras de nuevo.

**Nombre** ___________________________

| Vi | to |
|----|----|
| va | so |
| vo | ta |

_______________________
_______________________
_______________________
_______________________

_______________________
_______________________ ve a Susi.

Es mi _______________________.

Pepe _______________________.

---

**TEMA 6: Sol y nubes**
**Semana uno**
**Fonética:** *va, ve, vi, vo, vu*

**Los niños**
- unen las sílabas en los cuadros para formar las palabras *Vito, vaso, vota*
- escriben estas palabras para completar las oraciones

**Conexión con el hogar**
Pídeme que te lea las oraciones que completé. Luego podemos inventar oraciones chistosas usando las palabras que escribí.

171

## es   voy   Yo

**1.**

¿Yo veo a Gato?

**2.** ___________

Sí, _______ Gato. ¡Me voy!

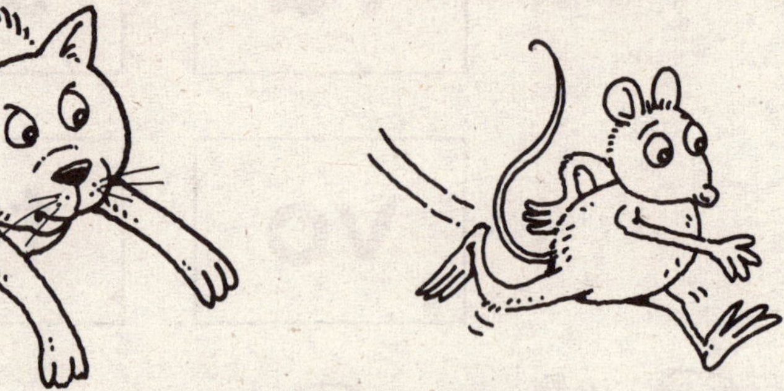

**3.** ___________

¿ _______ veo a  ?

**4.**

Sí, es el  .

___________

¡Me _______ !

**TEMA 6: Sol y nubes**
**Semana uno**
**Repaso de las palabras de uso**
**frecuente** *es, voy, yo*

**172**

**Los niños**
- leen las oraciones de la historieta y escriben palabras *es*, *voy* y *Yo* para completarlas
- dibujan el perro en la última oración

**Conexión con el hogar**
Te voy a leer esta historieta. Luego podemos hacer más dibujos de cosas que Ratón, Perro y Gato hacen.

**Nombre** ___________________________

1.

2.



**TEMA 6: Sol y nubes**
**Semana dos** *Sol y Viento*
**Trama**

**Los niños**
1. dibujan lo que el hombre hizo cuando el viento sopló más fuerte y lo que hizo cuando el sol lo calentó más
2. colorean el dibujo del ganador de la competición entre el sol y el viento

**Conexión con el hogar**
Voy a hablarte sobre el cuento que escuché hoy, *Sol y Viento*.

**Nombre** _______________________________

1.

2.

---

**TEMA 6: Sol y nubes**
**Semana dos** *Sol y Viento*
**Reacción**

**Los niños**
- dibujan lo que ellos se pondrían en un día caluroso y lo que ellos harían ese día
- dibujan lo que ellos se pondrían en un día de viento y lo que ellos harían ese día

**Conexión con el hogar**
Te voy a hablar sobre los dibujos que hice de lo que haría en diferentes tipos de tiempo.

que

qui

ko

ka

ku

ki



**TEMA 6: Sol y nubes**
**Semana dos**
**Conciencia fonémica: /k/**

**Los niños**
- miran las sílabas en los globos y comentan las semejanzas y las diferencias entre esas sílabas
- colorean todos los dibujos de las páginas 175 y 176 cuyos nombres empiezan con *q*, como *Quino Quetzal*, o con *k*, como *Kati Koala*
- recortan y pegan los dibujos con ese sonido en los cuadros de la página 146, y luego dibujan algo más que empiece con ese sonido

**Conexión con el hogar**
Vamos a nombrar todas las cosas en esta hoja y al revés que empiezan con *q*, como *Quino Quetzal*, o con *k*, como *Kati Koala*.

**175**

**TEMA 6: Sol y nubes**
**Semana dos**
**Conciencia fonémica: /k/ y /q/**

**1.**

ki

que

**2.**

 K Kk K k

 Q Qq Q q

---

**TEMA 6: Sol y nubes**
**Semana dos**
**Fonética:** *ka, que, qui, ki, ko, ku*

**Los niños**
- trazan líneas desde los dibujos hasta las sílabas iniciales
- escriben *Kk* y *Qq* sobre las líneas y algo más que empiece con *ka, que, qui, ki, ko* o *ku*

 **Conexión con el hogar**
Vamos a buscar en libros palabras que empiezan con *ka, que, qui, ki, ko, ku*. No hay muchas palabras que empiezan con *k*. Vamos a contar todas las palabras que encontramos y luego podemos clasificarlas.

gato

**aquí**

pato

Veo una cosa ______________.
Es un gato.

Veo una cosa ______________.
Es un pato.

---

**TEMA 6: Sol y nubes**
**Semana dos**
**La palabra de uso frecuente** *aquí*

**Los niños**
- leen las oraciones y escriben *aquí* para completarlas
- hacen dibujos para ilustrar cada oración

**Conexión con el hogar**
Puedo leerte estas oraciones. Luego, te voy a hablar sobre los dibujos que hice.



**178**

**Nombre** _______________________________________

**1.**

**2.**

**3.**

---

**TEMA 6: Sol y nubes**
**Semana dos**  *¡Y todo por un muñeco de nieve!*
**Trama, Reacción**

**Los niños**

1. piensan en lo que ocurrió en el cuento mientras los niños hacían su muñeco de nieve

2. dibujan algo gracioso que ocurrió antes de que terminaran

3. dibujan algo que ellos hubieran añadido al muñeco de nieve si hubieran estado allí

 **Conexión con el hogar**
Voy a hablarte del cuento *¡Y todo por un muñeco de nieve!* Es sobre las cosas chistosas que pasan cuando dos niños hacen un muñeco de nieve.

179

que | qui

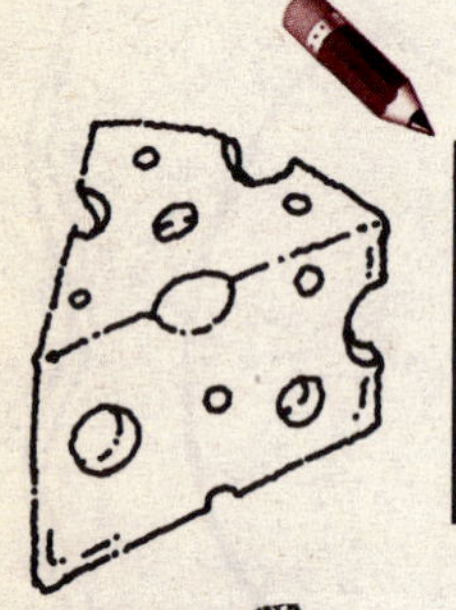 [ ] so

Como _______________________.

 chi  to

Veo un _______________________.

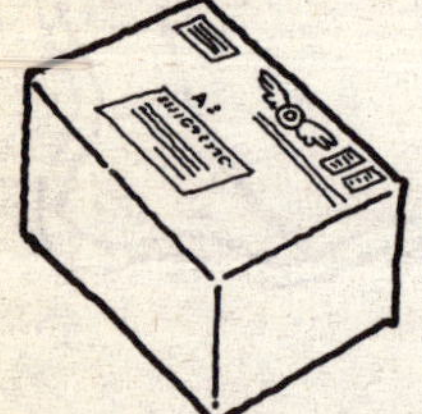 pa  te

¡Es un _______________________.

---

**TEMA 6: Sol y nubes**
**Semana dos**
**Fonética:** *ka, que, qui, ko, ku*

**Los niños**
- escriben *que* o *qui* para completar los nombres de los dibujos (*queso, chiquito y paquete*)
- escriben cada palabra para completar las oraciones

 **Conexión con el hogar**
Voy a leer las oraciones que completé con las palabras *queso, chiquito* y *paquete*. Estas sílabas son más frecuentes en español que las sílabas con *k*. Luego vamos a pensar en otras palabras que contengan estas sílabas. ¿Me las puedes escribir?

180

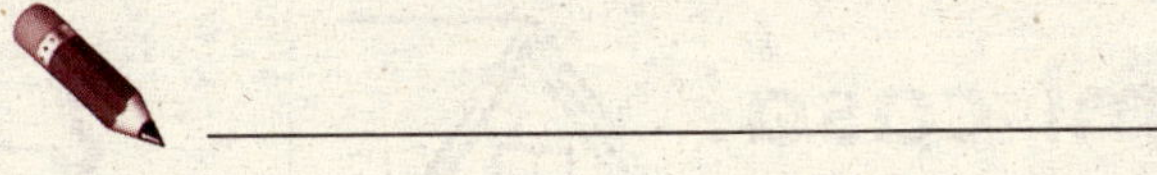
poquita   quemada   queso

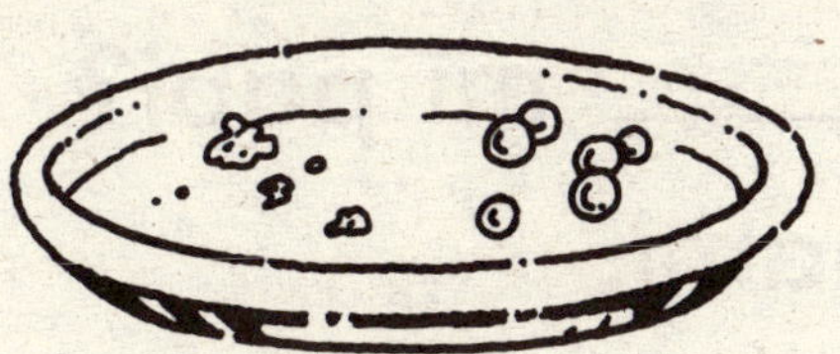

Es _______________ comida.

Lola come _______________ .

Veo una cosa _______________ .

---

**TEMA 6: Sol y nubes**
**Semana dos**
**Fonética:** *ka, que, qui, ki, ko, ku*

**Los niños**
• leen las oraciones y escriben *poquita*, *queso* y *quemada* para completarlas

**Conexión con el hogar**
Voy a leer estas oraciones. Luego podemos escribir las palabras en hojas de papel y formar otras oraciones con ellas.



**181**

## aquí  Es  y  Voy

**1.** ______________

______________ a mi casa.

**2.** ______________

¿______ mi papi?  No, es mi mami.

**3.** ______________

No veo a papi ______ .

**4.** ______________

Veo a mami ______ a papi.

**TEMA 6: Sol y nubes**
**Semana dos**
**Repaso de las palabras de uso frecuente** *aquí, es, y, voy*

**Los niños**
- leen la historieta y escriben *aquí*, *Es*, *y*, *Voy* para completar lo que la niña dice
- completan el dibujo del 4 para que corresponda con la oración

**Conexión con el hogar**
Voy a leerte las oraciones y hablarte sobre el dibujo que hice.



182

**TEMA 6: Sol y nubes**
**Semana tres**  *El gorro del leñador*
**Comienzo/Desarrollo/Final**

**Los niños**

1. colorean los animales que entraron el gorro en el cuento

2. dibujan una línea desde los animales que colorearon hasta las casas donde estos animales vivirían en la vida real

**Conexión con el hogar**
Voy a contarte sobre el cuento fantástico *El gorro del leñador*. Luego te explicaré por qué este cuento no podría ocurrir en la vida real.



**183**

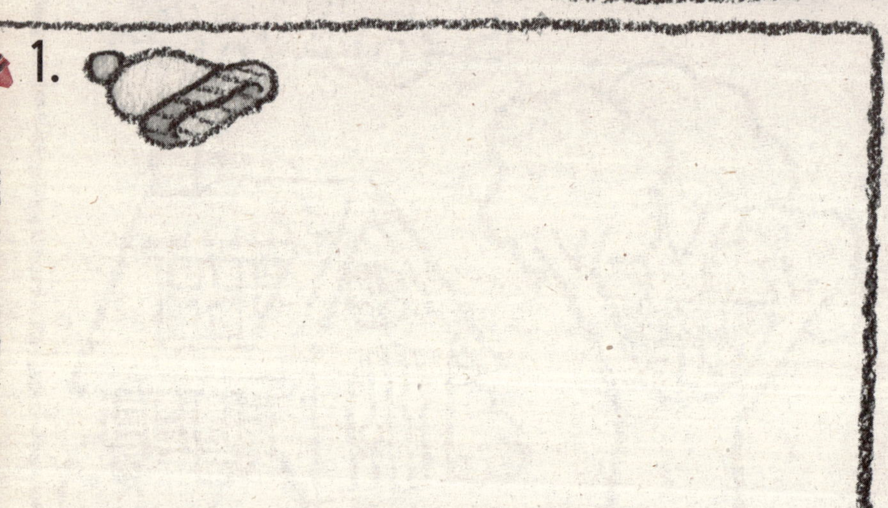

1.

2.

---

**TEMA 6: Sol y nubes**
**Semana tres** *El gorro del leñador*
**Reacción**

**Los niños**

1. piensan y dibujan lo que podría haber ocurrido si más animales hubieran tratado de entrar al gorro antes de que la abeja llegara

2. piensan y dibujan lo que hubiera ocurrido si el hombre hubiera encontrado su gorro con todos los animales dentro

**Conexión con el hogar**
Yo hice algunos dibujos que muestran lo que podría haber ocurrido en el cuento si algunas partes fueran diferentes. Escucha y te voy a hablar sobre mis dibujos y mis ideas.

**184**

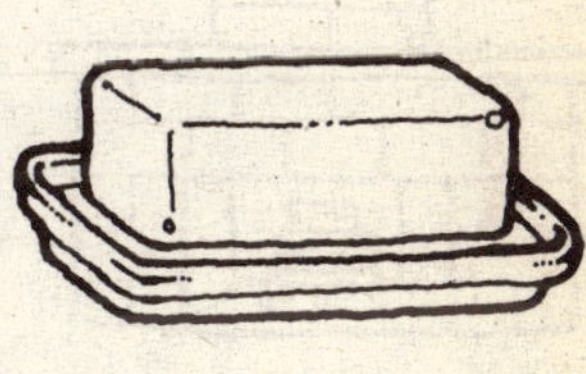

**TEMA 6: Sol y nubes**
**Semana tres**
**Conciencia fonémica: /ch/**

**Los niños**
- colorean todos los dibujos de las páginas 185 y 186 cuyos nombres empiezan con *ch*, como *Chuy Chivito*
- recortan y pegan los dibujos con ese sonido en los cuadros de la página 186
- dibujan algo más que empiece con ese sonido

 **Conexión con el hogar**
Vamos a nombrar las cosas en esta hoja y al revés que empiezan con *ch*, como *Chuy Chivito*.

**185**

Nombre ______________________________

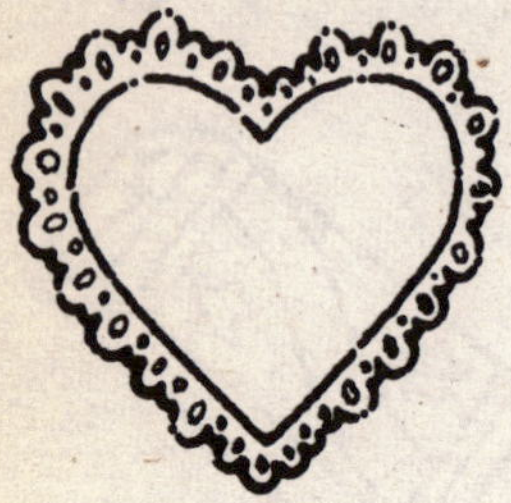

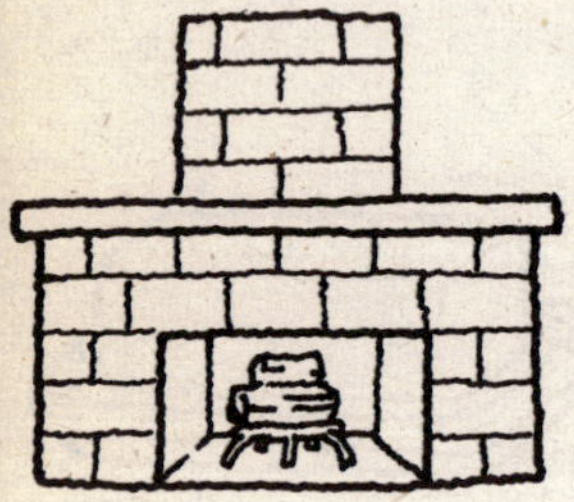

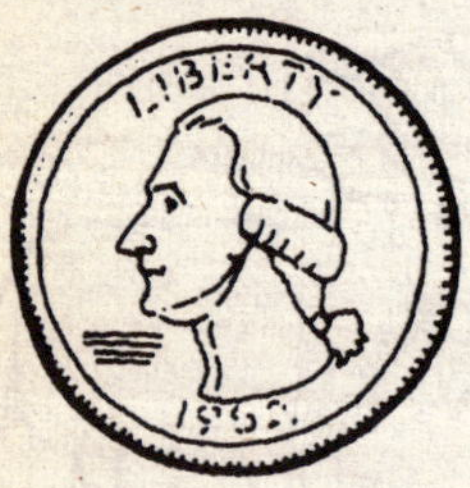


TEMA 6: Sol y nubes
Semana tres
Conciencia fonémica: /ch/

1.  **Ch** ch Ch ______ ______ ch ______  ______

 _______________

 _______________

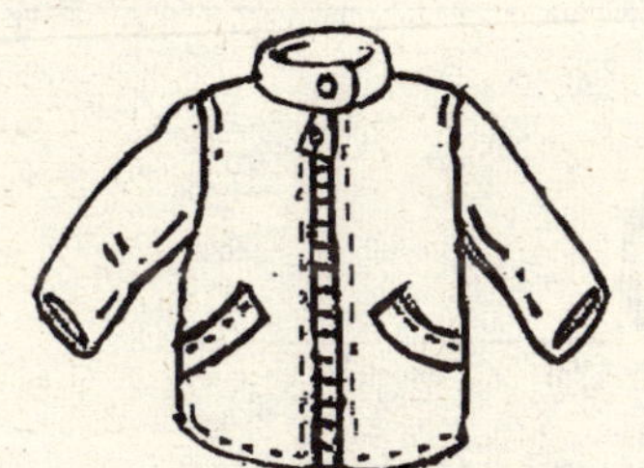 _______________

 _______________

 _______________

 _______________

---

**TEMA 6: Sol y nubes**
**Semana tres**
**Fonética:** *cha, che, chi, cho, chu*

**Los niños**
- escriben *Ch* y *ch* sobre las líneas
- escriben *cha, che, chi, cho, chu* al lado de los dibujos cuyos nombres empiezan con estos sonidos
- dibujan algo más que empieza con *cha, che, chi, cho* o *chu*

**Conexión con el hogar**
Te voy a hablar sobre los dibujos y sus sonidos iniciales. Luego, te contaré sobre el dibujo que hice.



**187**

# Es aquí

**1.** _______________

Veo una cosa _______ .

¡Es un osito!

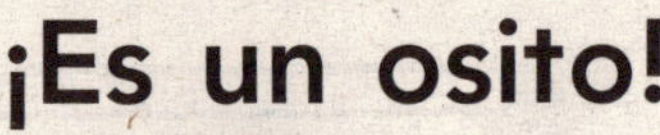

**2.** _______________

Veo una cosa aquí. ¡ _______ un gato!

**3.** _______________

Veo una cosa _______ . ¡Es mi  !

**4.**

Veo una cosa aquí.

¡ _______ mi !

TEMA 6: Sol y nubes
Semana tres
Repaso de palabras de uso
frecuente: *es, aquí*

**188**

**Los niños**
- leen las oraciones y escriben *Es* y *aquí* para completarlas
- leen la última oración y hacen un dibujo para completarla

 **Conexión con el hogar**
Escribí las palabras *es* y *aquí* para completar las oraciones. Voy a leerte la historieta.

Nombre _______________________________

1.

2.



**TEMA 6: Sol y nubes**
**Semana tres** *¡Y todo por un muñeco de nieve!*
**Trama, Reacción**

**Los niños**

1. colorean los dibujos que muestran algo que pasó en el cuento

2. hacen dos dibujos más para ilustrar otras cosas que ocurrieron en el cuento

 **Conexión con el hogar**
Hoy escuchamos un cuento que se llama *¡Y todo por un muñeco de nieve!* Te lo voy a contar. Voy a señalar las ilustraciones mientras cuento las diferentes partes.

**189**

**Nombre** _______________________________________________

 le  co 

¿Cabe mi _________________ ?

 mu 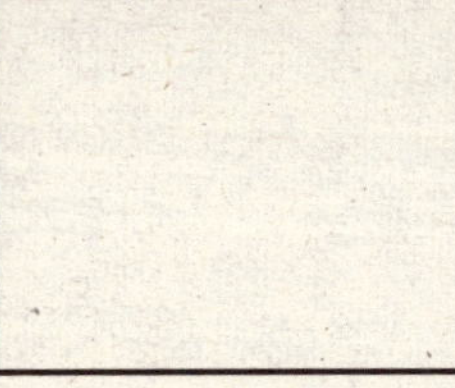

¡Cabe _________________ !

---

**TEMA 6: Sol y nubes**
**Semana tres**
**Fonética:** *cha, che, chi, cho, chu*

**190**

**Los niños**
- escriben las sílabas y escriben las palabras *chaleco, chocolate, chaqueta*
- escriben cada palabra para completar las oraciones

**Conexión con el hogar**
Vamos a recortar las sílabas y volver a formar las palabras.

**Nombre** _______________________________________________

> # mucho   leche   mochila

Gato mira la _______________.

Gato toma _______________.

Gato come _______________.

---

**TEMA 6: Sol y nubes**
**Semana tres**
**Fonética:** *cha, che, chi, cho, chu*

**Los niños**
- leen las oraciones y escriben las palabras para completarlas
- colorean la sonrisa (sí) o la mueca (no) para indicar si la oración corresponde con el dibujo

 **Conexión con el hogar**
Hoy aprendí las palabras *mucho, leche* y *mochila*. Te voy a leer las oraciones. Luego podemos inventar otras oraciones con estas palabras.

**191**

**es   aquí   Voy   y**

**1.** ________________

Me gusta jugar ____________ .

**2.** ________________

____________ a mi casa.

**3.** ¡Mi gato se come mi comida

____________

________ se toma mi leche!

**4.** ________________

Mi gato ________ mi amigo.

---

**TEMA 6: Sol y nubes**
**Semana tres**
**Repaso de las palabras de uso**
**frecuente es, aquí, y, voy**

**192**

**Los niños**
- leen las oraciones y escriben *es, aquí, y, Voy* para completarlas
- hacen un dibujo de la niña con su gato

**Conexión con el hogar**
Voy a leerte las oraciones. Luego podemo hablar de las cosas que la niña puede hacer con su gato.

**Nombre** ______________________________

**1.**

**2.**



---

**TEMA 7: Ruedas y ruedas**
**Semana uno** *Ruedas y más ruedas*
**Organización del texto/ Resumen**

**Los niños**

1. colorean los objetos con ruedas y dicen cómo las ruedas ayudan a estos objetos a realizar sus trabajos.

2. dibujan algo más que tenga ruedas y que les guste para pasear.

 **Conexión con el hogar**
Coloreé algunos objetos con ruedas sobre los que leimos en clase hoy. Pregúntame cómo las ruedas ayudan a estos objetos a realizar sus trabajos.

**193**

**Nombre** _______________________________________________

1.

2.



**TEMA 7: Ruedas y ruedas**
**Semana uno** *Ruedas y más ruedas*
**Reacción**

**Los niños**

1. dibujan algo en el costado de la rastra que dice lo que lleva.

2. dibujan el lugar adonde la rastra llevaría su carga.

**Conexión con el hogar**
La próxima vez que vayamos a alguna parte, podemos buscar rastras. Pregúntame qué cargaría si tuviera una rastra.

**Nombre** _______________________________

**TEMA 7: Ruedas y ruedas**
**Semana uno**
**Conciencia fonémica: /ll/**

**Los niños**
- colorean todos los dibujos de las páginas 195 y 196 cuyos nombres empiezan con *ll*, como *Lluli Llave*.
- recortan y pegan los dibujos con ese sonido en la página 196, y luego dibujan algo más que empiece con ese sonido.

**Conexión con el hogar**
Vamos a nombrar todas las cosas en esta hoja y el revés que empiezan con *ll*, como *Lluli Llave*.

**1.**  Ll ll 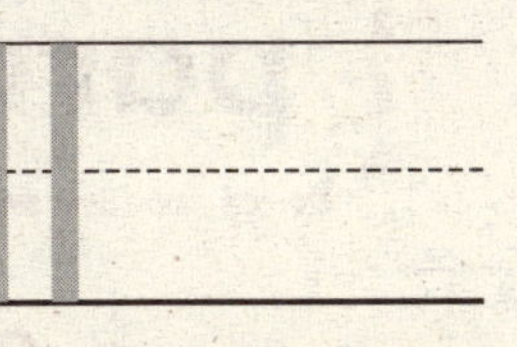  

**2.** 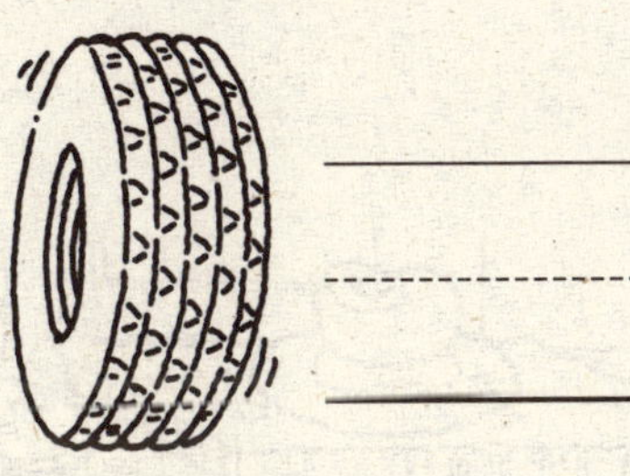

**3.** 

---



**TEMA 7: Ruedas y ruedas**
**Semana uno**
**Fonética: _lla, lle, lli, llo, llu_**

**Los niños**
- para el 1 y 2, colorean y escriben _lla, lle, lli, llo_ o _llu_ al lado de aquellos dibujos cuyos nombres empiezan con _lla, lle, lli, llo_ o _llu_
- para el 3, dibujan dos cosas que contienen las sílabas _lla, lle, lli, llo_ o _llu_

 **Conexión con el hogar**
Hoy aprendimos los sonidos _lla, lle, lli, llo, llu_. Cuando veamos la televisión juntos vamos a ver cuántas cosas encontramos que empiezan con _lla, lle, lli, llo_ o _llu_.

## para

**1.**

¿Veo una caja
un gato?  

**2.**

¿Veo un osito
un nene?

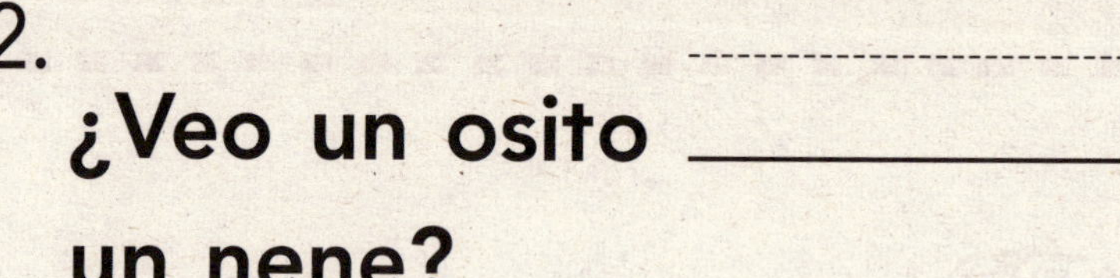

**3.**

¿Veo una rosa
Lisa? 

**4.**

¿Veo un regalo
Lisa?

---

**TEMA 7: Ruedas y ruedas**
**Semana uno**
**Palabra de uso frecuente *para***

**Los niños**
- en el 1, el 2 y el 3 leen las oraciones y escriben *para* sobre las líneas
- marcan la sonrisa (sí) o la mueca (no) para contestar las preguntas
- en el 4 dibujan una rosa para Lisa y escriben la palabra *para*

**Conexión con el hogar**
Estoy aprendiendo a leer la palabra *para*. Voy a leerte estas oraciones. Luego podemos inventar algo más sobre Lisa.

**198**

**TEMA 7: Ruedas y ruedas**
**Semana uno** *Las ruedas del autobús*
**Organizar y resumir/ Reacción**

**Los niños**
- en los dibujos del 1 al 6 tachan las cosas que no sucedieron en el autobús del cuento
- dibujan en la caja vacía algo más que sí sucedió en el cuento

 **Conexión con el hogar**
Hoy escuchamos un cuento que se llama *Las ruedas del autobús*. Es una canción también. Si la conoces, podemos cantarla juntos.

| lli | llo | lle | llo | llu |

| ba | | na |

Aquí veo una
_______________________

| ca | ba | |

Aquí veo un
_______________________

| ga | | na |

Aquí veo una
_______________________

**TEMA 7: Ruedas y ruedas**
**Semana uno**
**Fonética:** *lla, lle, lli, llo, llu*

**200**

**Los niños**
- escriben *lla, lle, lli, llo* o *llu* para completar los nombres de los dibujos (*ballena, caballo, gallina*)
- escriben cada palabra para completar las oraciones

**Conexión con el hogar**
Puedo leer estas oraciones. Podemos recortar los cuadros que contienen las sílabas y formar las palabras de nuevo.

| | |
|---|---|
| **lla** | **ve** |
| **po** | **llo** |
| **si** | **lla** |

___________________

___________________

___________________

___________________

___________________

___________________

—Tengo la ___________ —dijo Susi.

___________________

Me gusta el ___________ .

___________________

Veo una ___________ .

---

**TEMA 7: Ruedas y ruedas**
**Semana uno**
**Fonética:** *lla, lle, lli, llo, llu*

**Los niños**
- unen las sílabas en los cuadros para formar las palabras *llave, pollo, silla*
- escriben estas palabras para completar las oraciones

 **Conexión con el hogar**
Por favor, escúchame mientras leo estas palabras y oraciones.



**201**

## para   es   Aquí

**1.** ___________ tengo una cosa para el gato.

**2.** El abanico ___________ para ti.

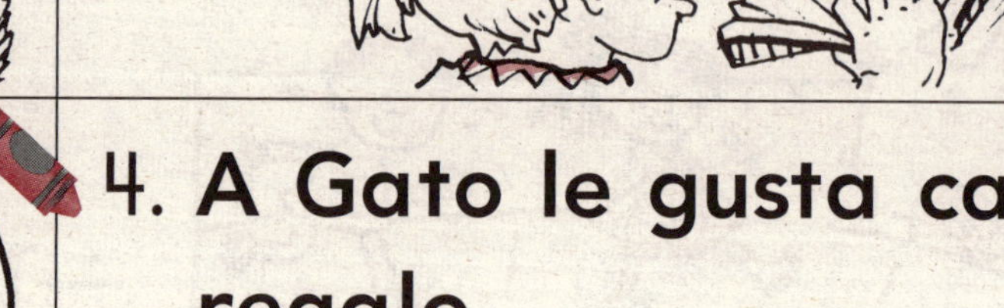

**3.** Aquí tengo un tapete ___________ el gato.

**4.** A Gato le gusta cada regalo.

**TEMA 7: Ruedas y ruedas**
**Semana uno**
**Repaso de las palabras de uso frecuente *para, es, aquí***

202

**Los niños**
- en el 1, 2 y 3 leen las oraciones de la historieta y escriben *para*, *es*, *Aquí* para completarlas
- en el 4, dibujan al gato con la corona, el tapete y el abanico

**Conexión con el hogar**
Hoy terminé esta historieta.
Pídeme que te la lea.

**Nombre** _______________________________

1.

2.

---

**TEMA 7: Ruedas y ruedas**
**Semana dos** *La pequeña
locomotora que sí pudo*
**Causa y efecto**

**Los niños**

1. dibujan lo que alegró a los niños al final del cuento

2. dibujan algo más que piensen que alegraría a
los niños

**Conexión con el hogar**
Pregúntame acerca del dibujo que hice
sobre por qué los niños se alegraron al
final del cuento *La pequeña locomotora
que sí pudo.*

**TEMA 7: Ruedas y ruedas**
**Semana dos** *La pequeña
locomotora que sí pudo*
**Reacción**

**Los niños**
- piensan en la pequeña locomotora del cuento que trató de subir la montaña con una carga pesada
- dibujan algo que les haya costado trabajo hacer

**Conexión con el hogar**
Pídeme que te cuente la historia de *La pequeña locomotora que sí pudo*. Luego, te voy a contar algo que he tratado de hacer, esforzándome como la pequeña locomotora del cuento.

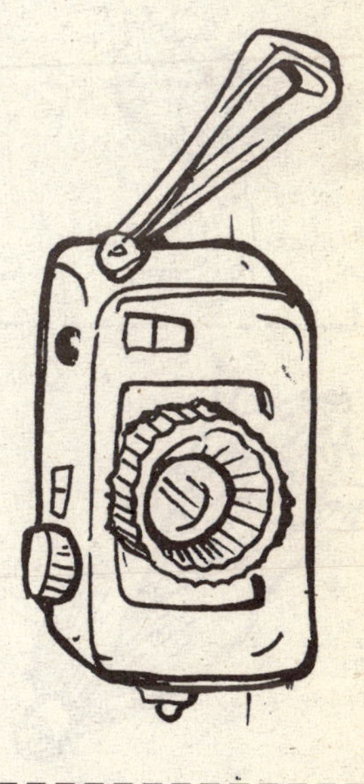

**TEMA 7: Ruedas y ruedas**
**Semana dos**
**Conciencia fonémica: /ñ/**

**Los niños**
- colorean todos los dibujos de las páginas 205 y 206 cuyos nombres incluyen sílabas con *ñ*, como *Nico Ñandú*
- recortan y pegan los dibujos con ese sonido en los cuadros de la página 206
- dibujan algo más que contenga ese sonido

**Conexión con el hogar**
Vamos a nombrar todas las cosas en esta hoja y al dorso que empiezan con *ñ*, como *Ñico Ñandú*.



**205**

**TEMA 7: Ruedas y ruedas**
**Semana dos**
**Conciencia fonémica: /ñ/**

**Nombre** ___________________________________________________

**1.**

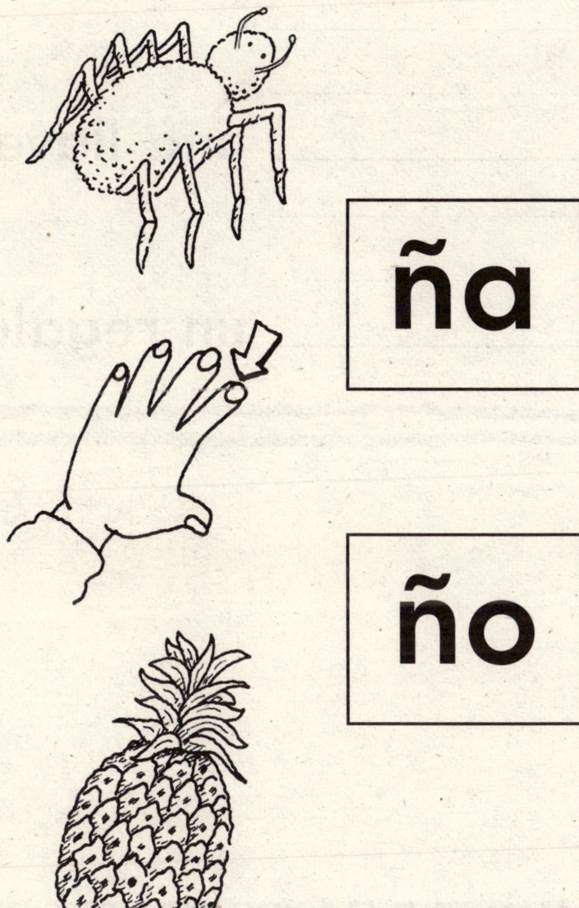

ña

ño

**2.** Ñ Ññ Ñ ñ

---

**TEMA 7: Ruedas y ruedas**
**Semana dos**
**Fonética:** *ña, ñe, ñi, ño, ñu*

**Los niños**
1. trazan líneas desde los dibujos hasta la sílaba
   que corresponda
2. escriben *Ññ* sobre las líneas y dibujan algo
   más que contenga la sílaba *ña, ñe, ñi, ño* o *ñu*

**Conexión con el hogar**
Hoy aprendimos los sonidos *ña,*
*ñe, ñi, ño, ñu*. Ayúdame a buscar en
una revista cosas con nombres que
contengan estos sonidos.

**207**

**Nombre** ______________________________________________

**tengo**

______________________

Yo ________________ un gato.

Yo ________________ una piña.

______________________

Yo ________________ una llave.

Yo ________________ un regalo.

---

**TEMA 7: Ruedas y ruedas**
**Semana dos**
**La palabra de uso frecuente tengo**

**Los niños**
- practican escribir *tengo* en las líneas de arriba
- leen las oraciones y escriben *tengo* para completarlas
- eligen una oración para cada caja y la rodean con un círculo
- dibujan algo que va con la oración

 **Conexión con el hogar**
Puedo leerte estas oraciones. Hice dibujos para dos de las oraciones. Te voy a hablar sobre ellas.

208

# Nombre ___________________________________________

1.

2.

3.

**TEMA 7: Ruedas y ruedas**
**Semana dos** *Chu-chu-a, pasa el tren*
**Causa y efecto/ Reacción**

**Los niños**
- cuentan los vagones que tiene el trencito y colorean cada uno del color que tienen en el cuento
- cuentan las cosas que llevan los personajes al trencito y las colorean
- en las cajas de al lado, escriben el número de vagones, el número de alcancías y el número de maracas que hay en los dibujos que corresponden

**Conexión con el hogar**
Voy a hablarte del cuento *Chu-chu-a, pasa el tren*. Vamos a contar juntos cuántas cosas llevan los personajes al trencito. ¿Has montado en tren alguna vez? Cuéntame qué viste.

**209**

## niño   moño   niña

El ________________ mira el caballo.

El ________________ de Ñica es bello.

La ________________ mima el pato.

---

**TEMA 7: Ruedas y ruedas**
**Semana dos**
**Fonética: *ña, ñe, ñi, ño, ñu***

Los niños
- leen las oraciones y escriben palabras para completarlas
- marcan la sonrisa (sí) o la mueca (no) para indicar si la oración va con el dibujo

 **Conexión con el hogar**
Te voy a leer estas oraciones. Luego, ayúdame a formar otras palabras que tengan las sílabas *ña, ñe, ñi, ño, ñu*, como *mañana, baño, paño*.

210

pi [ ]

_______________________

Me gusta la _______________________ .

ni [ ]

_______________________

El _______________________ llora.

ba [ ] ra

_______________________

Veo un gato en la _______________________ .

---

**TEMA 7: Ruedas y ruedas**
**Semana dos**
**Fonética:** *ña, ñe, ñi, ño, ñu*

**Los niños**
- escriben las sílabas para completar las palabras que van con las ilustraciones
- escriben las palabras para completar las oraciones

 **Conexión con el hogar**
Voy a leer estas oraciones que completé con las palabras *piña*, *niño* y *bañera*. Luego, podemos pensar en otras oraciones para estas palabras. ¿Puedes escribir las oraciones para mí?

**211**

# Tengo   para   Es   Aquí

**1.**

**2.**



**3.**



**4.**



---

**TEMA 7: Ruedas y ruedas**
**Semana dos**
**Las palabras de uso frecuente**
*tengo, para, es, aquí*

**212**

**Los niños**
- leen la historieta y escriben *Tengo, para, Es, Aquí* para completar lo que dicen los personajes
- colorean los dibujos

**Conexión con el hogar**
Hoy terminé esta historieta. Podemos recortar estos cuatro dibujos y hacer un librito cómico. Luego podemos buscar otra tira cómica en el periódico.

1.

2.

**TEMA 7: Ruedas y ruedas**
**Semana tres**  *El carro del Señor Gruñón*
**Hacer predicciones**

**Los niños**

- reflexionan sobre lo que sucede en los dibujos y predicen qué va a pasar con el hombre, el carro y los conejos

- dibujan sus predicciones en la caja debajo de cada dibujo

 **Conexión con el hogar**
Voy a contarte sobre los dibujos que hice para mostrarte lo que creo que sucederá después en el cuento *El carro del señor Gruñón*. Luego, vamos a hablar sobre qué más podría haber sucedido en cada dibujo.

**213**

1.

2.

**TEMA 7: Ruedas y ruedas**
**Semana tres**  *El carro del señor Gruñón*
**Reacción**

**Los niños**
- piensan sobre lo que dibujarían en la cubierta del libro *El carro del señor Gruñón* si fueran el diseñador, y lo dibujan
- hacen un dibujo de ellos mismos en el carro cuando tengan edad para conducir

**Conexión con el hogar**
Te voy a contar sobre *El carro del señor Gruñón*, un cuento cómico que nos leyó la maestra. Pregúntame sobre los dibujos que hice.

214

**TEMA 7: Ruedas y ruedas**
**Semana tres**
**Repaso de la conciencia fonémica:**
/ll/, /ñ/, /ch/

**Los niños**
- colorean todos los dibujos de las páginas 155 y 156 cuyos nombres empiezan con *ll*, *ñ* y *ch*
- dibujan algo más que empiece con esos sonidos

 **Conexión con el hogar**
Vamos a nombrar las cosas en esta hoja y al dorso que empiezan con *ll*, como *Lluli Llave*, con *ñ* como *Ñico Ñandú* y con *ch* como *Chuy Chivito*.

**TEMA 7: Ruedas y ruedas**
**Semana tres** *Ruedas y más ruedas*
**Repaso de la conciencia fonémica:**
/ll/, /ñ/, /ch/

**Los niños**
- encuentran y colorean dos dibujos que comienzan como *Lluli Llave*
- encuentran y rodean con un círculo dos dibujos que comienzan como *Ñico Ñandú*
- colorean y rodean con un círculo dos dibujos que comienzan como *Chuy Chivito*

**Conexión con el hogar**
Vamos a buscar en un libro con ilustraciones objetos con nombres que comienzan como *Lluli Llave*, *Ñico Ñandú* y *Chuy Chivito*.

216

**Nombre** ______________________________

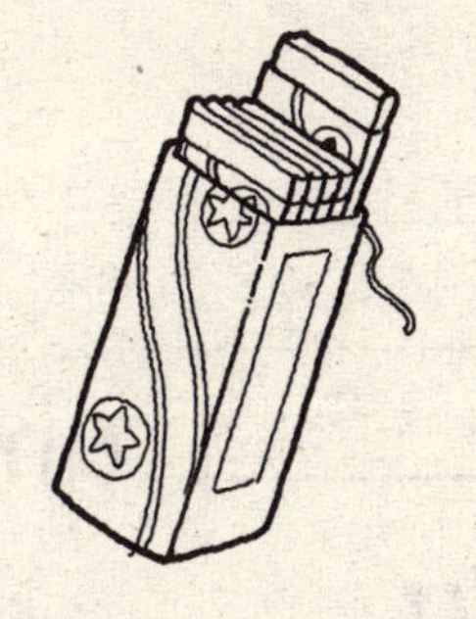
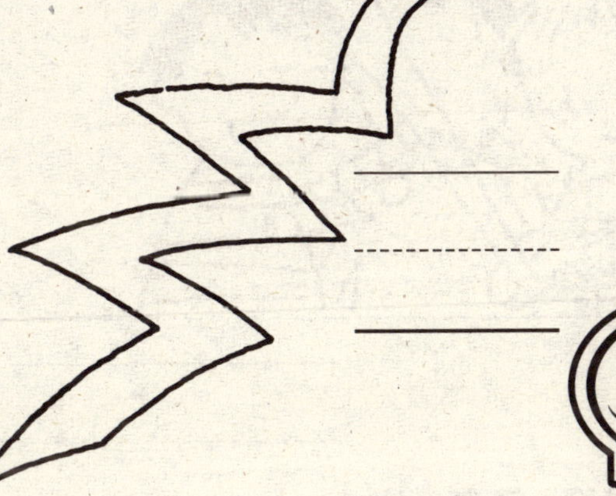

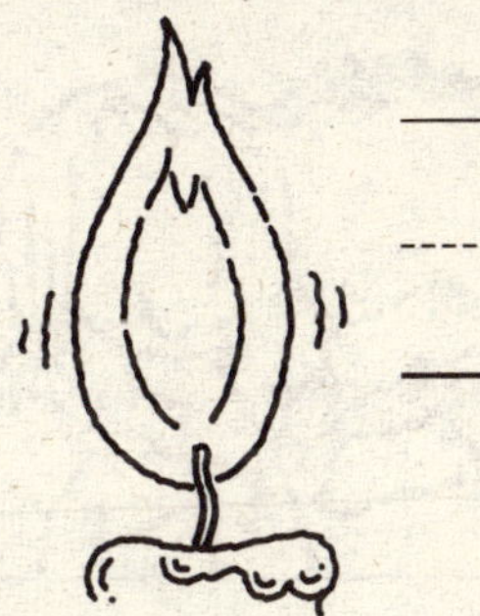

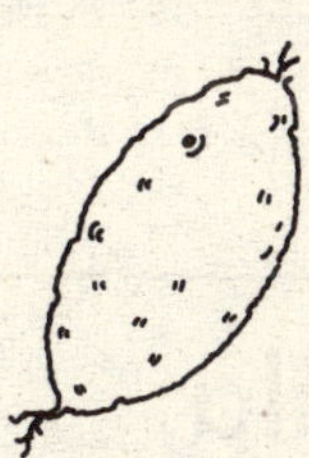

---

**TEMA 7: Ruedas y ruedas**
**Semana tres**
**Repaso fonético:** *lla, lle, lli, llo, llu, ña,*
*ñe, ñi, ño, ñu y cha, che, chi, cho chu*

**Los niños**

- usan un creyón amarillo para rodear con un círculo
  *Lluli Llave* y colorear los objetos que comienzan con *lla,*
  *lle, lli, llo* o *llu*

- usan un creyón azul para rodear con un círculo *Ñico*
  *Ñandú* y colorear los objetos que comienzan con *ña, ñe,*
  *ñi, ño* o *ñu*

- usan un creyón anaranjado para rodear con un círculo
  *Chuy Chivito* y colorear los objetos que comienzan con
  *cha, che, chi, cho* o *chu*

- escriben la sílaba inicial junto a los dibujos

 **Conexión con el hogar**
Hoy coloreé objetos con nombres
que comienzan *lla, lle, lli, llo, llu, ña,*
*ñe, ñi, ño, ñu y cha, che, chi, cho, chu.*
Te voy a hablar sobre los dibujos en
amarillo, azul y anaranjado.

**217**

## para   tengo

**1.**

Yo _________ un regalo para Lila.

**2.**

Yo tengo un bate _________ Lila.

**3.**

Yo _________ un juguete para Lila.

**4.**

Yo tengo un gato _________ Lila.

---

**TEMA 7: Ruedas y ruedas**
**Semana tres**
**Repaso de las palabras de uso frecuente *para, tengo***

**218**

**Los niños**
- leen las oraciones y escriben *para* y *tengo* para completar las oraciones
- hacen un dibujo para ilustrar la oración

**Conexión con el hogar**
Hoy escribí las palabras *para* y *tengo* y completé estas oraciones. Te las voy a leer. Luego, vamos a ver qué dibujé para la última oración.

**TEMA 7: Ruedas y ruedas**
**Semana tres** *Chu-chu-a, pasa el tren*
**Hacer predicciones, Reacción**

**Los niños**
- recuerdan quién traía qué al trencito y predicen cuántas cosas trae el próximo pasajero
- cuentan los objetos que traen los personajes
- dibujan en la caja vacía el trencito y colocan sus vagones en orden con los diferentes objetos

 **Conexión con el hogar**
Te voy a contar todas las cosas que dibujé que venían en el trencito. Vamos a buscar qué más falta por subir al trencito.



**219**

**llena    mañana    chaleco**

**1.** _______________

**Veo una caja** __________ .

**2.** _______________

**¡Una bonita** __________ !

**3.** _______________

**Aquí veo mi** __________ .

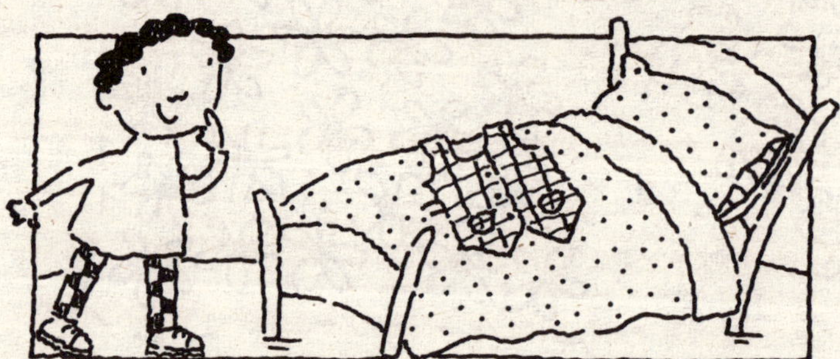

---

**TEMA 7: Ruedas y ruedas**
**Semana tres**
**Fonética:** *lla, lle, lli, llo, llu, ña, ñe, ñi, ño, ñu, cha, che, chi, cho, chu*

**220**

**Los niños**
- leen las oraciones y escriben las palabras *llena*, *mañana* y *chaleco* para completarlas
- marcan la sonrisa (sí) o la mueca (no) para mostrar si los dibujos van con las oraciones

**Conexión con el hogar**
Voy a leerte las oraciones. Luego podemos buscar en una revista otras palabras que tengan estas sílabas. Me puedes leer las palabras que encontramos.

**Nombre** _______________________________

| lla | ña | che |

| | **ma** |
| **pi** | |
| **le** | |

Chicho __________ a Gato.

¿Te gusta la __________ ?

¡Me gusta la __________ !

---

**TEMA 7: Ruedas y ruedas**
**Semana tres**
**Fonética:** *lla, lle, lli, llo, llu, ña, ñe, ñi, ño, ñu, cha, che, chi, cho, chu*

**Los niños**
- escriben las sílabas para completar las palabras *llama*, *piña* y *leche*
- escriben las palabras para completar las oraciones

**Conexión con el hogar**
Te voy a mostrar las oraciones que escribí y los dibujos que coloreé. Luego, podemos buscar juntos más palabras que tienen sílabas con *ll*, *ñ* y *ch*.

221

## tengo  para  es  Aquí

**1.** _______________

Yo _______ un regalo para Pepe.

**2.** _______________

Yo tengo un regalo un .

**3.** _______________

El juguete _______ para un .

**4.** _______________

_______ tengo un regalo para mí.

---

**TEMA 7: Ruedas y ruedas**
**Semana tres**
**Repaso de las palabras de uso frecuente *para, tengo, es, aquí***

**Los niños**
- leen las oraciones y escriben *para, tengo, es* y *Aquí* para completarlas
- en el 4, dibujan algo que les gustaría tener

**Conexión con el hogar**
Hoy escribí las palabras *para, tengo, es* y *aquí* para completar estas oraciones. Te las voy a leer. Luego, te voy a contar lo que dibujé en la última oración.

1.

2.

---

**TEMA 8: En la granja**
**Semana uno** *El cuento de Mediopollito*
**Fantasía/Realismo**

**Los niños**
- deciden cuáles dibujos muestran cosas que podrían ocurrir en la vida real y cuáles muestran cosas que nunca podrían ocurrir en la vida real
- colorean los dos dibujos de cosas que podrían ocurrir en la vida real

**Conexión con el hogar**
Pídeme que te cuente sobre los dibujos. Te voy a contar por qué creo que los que no coloreé son de fantasía y nunca podrían ocurrir en la vida real.

**Nombre** _______________________________________

1.

2.

3.

---

**TEMA 8: En la granja**
**Semana uno** *El cuento de Mediopollito*
**Reacción**

**Los niños**

1. se dibujan a sí mismos encontrando a Mediopollito en camino al palacio

2. dibujan a Mediopollito ayudándolos en algo

3. dibujan algo que ellos harían para ayudar a Mediopollito

**Conexión con el hogar**
Te voy a contar un cuento que escuché sobre un pollito especial. Él se llama Mediopollito. Luego, te contaré sobre los dibujos que hice.

**TEMA 8: En la granja**
**Semana uno**
**Conciencia fonémica: /h/**

**Los niños**
- colorean todos los dibujos de las páginas 225 y 226 cuyos nombres empiecen con *h*, como *Hilda Hormiga*
- recortan y pegan los dibujos con ese sonido en la página 226
- dibujan algo más que empiece con ese sonido

**Conexión con el hogar**
Vamos a nombrar todas las cosas en esta hoja y al dorso que empiezan con *h*, como *Hilda Hormiga*.



**225**

Nombre _______________________________

**TEMA 8: En la granja**
**Semana uno**
**Conciencia fonémica: /h/**

226

**1.**  Hh H h  

**2.**

 ____________

 ____________

 ____________

 ____________

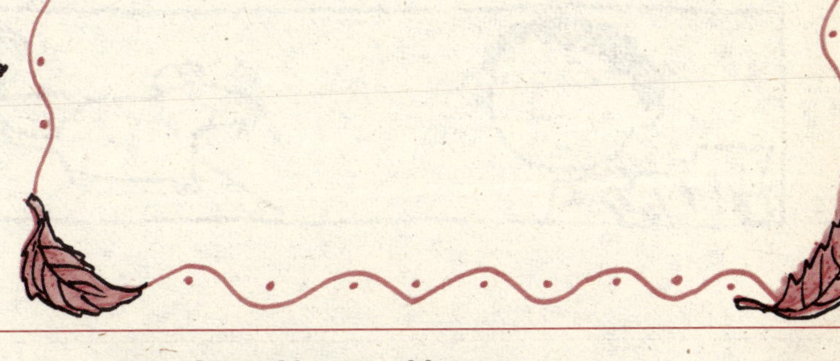

**3.**

---



**TEMA 8: En la granja**
**Semana uno**
**Fonética: *ha, he, hi, ho, hu***

**Los niños**
- para el 1 y 2, colorean y escriben *ha, he, hi, ho, hu* al lado de aquellos dibujos cuyos nombres empiezan con *ha, he, hi, ho, hu*
- para el 3, dibujan dos cosas que empiecen con las sílabas *ha, he, hi, ho* o *hu*

 **Conexión con el hogar**
Puedes ayudarme a encontrar las cosas en nuestra casa qué empiezan con *ha, he, hi, ho, hu*? Luego, podemos hacer una lista de las cosas que encontramos. 

**227**

## dijo

**1.** —Pepe me abanica

— __________ el gato.

**2.** —Lola me abanica

— __________ el cochino.

**3.** —Mi amigo me abanica

— __________ la rata.

**4.** —¿Abanico a una rata?

— __________ Paco.

---

**TEMA 8: En la granja**
**Semana uno**
**Palabra de uso frecuente *dijo***

**228**

**Los niños**
- leen las oraciones y escriben *dijo* para completarlas
- marcan la sonrisa (sí) o la mueca (no) para contestar las preguntas

 **Conexión con el hogar**
Estoy aprendiendo a escribir la palabra *dijo*. Te voy a leer estas oraciones.

**Nombre** _______________________

1.  

2.  

3.  

4.  

**TEMA 8: En la granja**
**Semana uno** *Vacas en la cocina*
**Fantasía/Realismo, Reacción**

**Los niños**
1. deciden en cada cuadro qué dibujo muestra
algo gracioso que las vacas, los patos, los
cerdos y las gallinas no hacen en la vida real,
y colorean ese dibujo

 **Conexión con el hogar**
Te voy a hablar lo que hicieron algunos
animales de la granja en el cuento *Vacas
en la cocina*. Luego, podemos inventar
otras cosas para añadir al cuento.

**229**

**Nombre** ______________________________________________

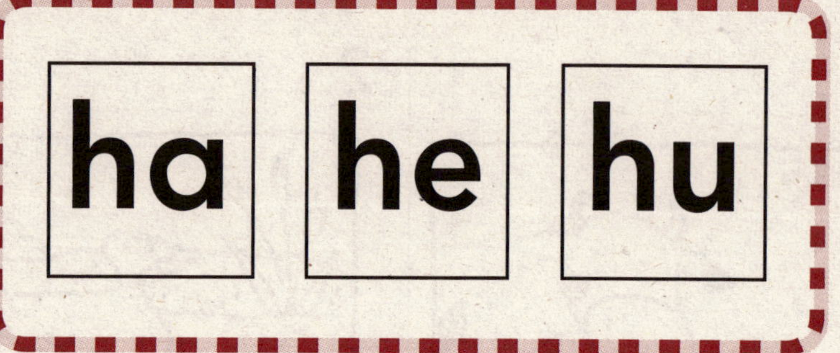

______________________________

Tengo una __________ .

______________________________

Veo __________ .

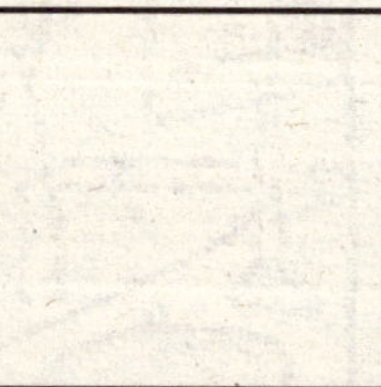

______________________________

Como __________ .

---

**TEMA 8: En la granja**
**Semana uno**
**Fonética:** *ha, he, hi, ho, hu*

**230**

**Los niños**
- escriben *ha, he, hi, ho* o *hu* para completar los nombres de los dibujos (*hamaca, humo, helado*)
- escriben cada palabra para completar las oraciones

**Conexión con el hogar**
Vamos a recortar los cuadros con las sílabas, mezclarlos y volver a formar las palabras *hamaca, humo* y *helado*.

Nombre _______________________

| ha | ri | na |  |

| ha | cha |

| he | la | do |

Mami puso _______________________ .

Papi usa un _______________________ .

Yo como _______________________ .



**TEMA 8: En la granja**
**Semana uno**
**Fonética: *ha, he, hi, ho, hu***

**Los niños**
- unen las sílabas en los cuadros para formar las palabras *harina*, *hacha*, *helado*
- escriben estas palabras para completar las oraciones

 **Conexión con el hogar**
¿Quieres que te lea estas oraciones? Luego, podemos inventar otras oraciones con las palabras *harina*, *hacha* y *helado*.

**231**

## dijo  para  tengo

**1.**

**2.**



**3.**

**4.**

**TEMA 8: En la granja**
**Semana uno** *Ruedas y más ruedas*
**Repaso de las palabras de uso**
**232** **frecuente *dijo, para, tengo***

**Los niños**
- escriben las palabras para completar las oraciones
- dibujan el sombrero de Rigo en la cabeza del gato

**Conexión con el hogar**
Pídeme que te lea estas oraciones.
Luego, te contaré sobre el
sombrero que dibujé para Rigo.

**TEMA 8: En la granja**
**Semana dos** *El enorme nabo*
**Notar detalles importantes**

**Los niños**
- colorean los personajes que fueron a ayudar al abuelo cuando él llamó

**Conexión con el hogar**
Hoy escuchamos un cuento que se llama *El enorme nabo*. ¿Conoces este cuento? Te voy a contar quiénes son los personajes y qué pasó.

**233**

1.

2.

**TEMA 8: En la granja**
**Semana dos** *El enorme nabo*
**Reacción**

**234**

**Los niños**
- piensan en cómo cambiaría el cuento si (1) nadie estuvo allí para ayudar al granjero a sacar el nabo o (2) si el nabo no fuera tan grande
- dibujan sus ideas

**Conexión con el hogar**
Pídeme que te hable acerca de mis ideas para dos cuentos diferentes sobre un nabo.

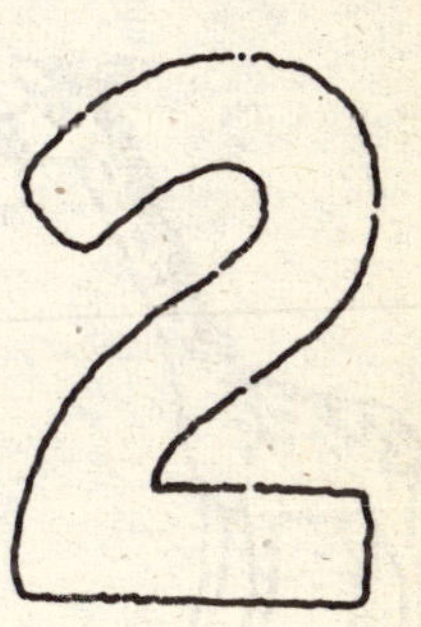

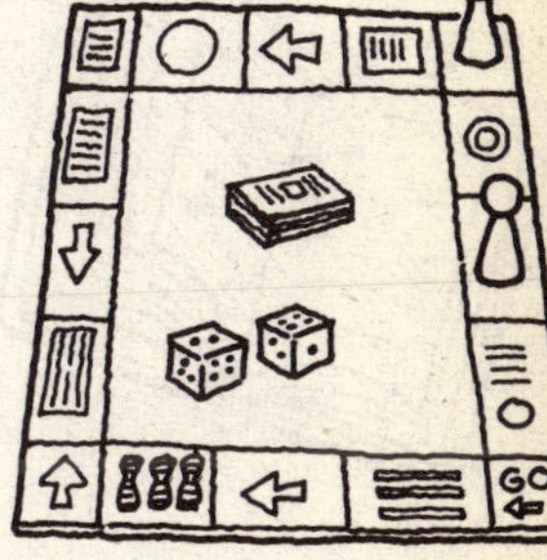

**TEMA 8: En la granja**
**Semana dos**
**Conciencia fonémica:** */j/*

**Los niños**
- colorean todos los dibujos de las páginas 235 y 236 cuyos nombres empiezan con *j*, como *Javi Jaguar*
- recortan y pegan los dibujos con ese sonido en los cuadros de la página 236
- luego dibujan algo más que empiece con ese sonido

**Conexión con el hogar**
Vamos a nombrar todas las cosas en esta hoja y al dorso que empiecen con *j*, como *Javi Jaguar*.



**235**

**TEMA 8: En la granja**
**Semana dos** *Ruedas y más ruedas*
**Conciencia fonémica:** /j/

236

**Nombre** _______________________________

 1.

jo

ja

ju

2

---

**TEMA 8: En la granja**
**Semana dos**
**Fonética: *ja, je, ji, jo, ju***

**Los niños**
- trazan una línea desde cada dibujo hasta su sílaba inicial
- escriben *J* y *j* sobre las líneas y escriben las sílabas *ja, je, ji, jo, ju*
- dibujan otra cosa que empiece con *ja, je, ji, jo,* o *ju*

 **Conexión con el hogar**
La próxima vez que veamos juntos la televisión, vamos a ver cuántas cosas podemos encontrar que contengan las sílabas *ja, je, ji, jo* o *ju*.

**237**

**jalapeño**

**el**

**jugo**

**Como _______ bocadillo de jalapeño.**

**Tomo _______ jugo de piña.**

**TEMA 8: En la granja**
**Semana dos**
**La palabra de uso frecuente** *el*

**238**

**Los niños**
- leen las oraciones y escriben *el* para completarlas
- hacen dibujos para ilustrar cada oración

**Conexión con el hogar**
Puedo leerte estas oraciones. Luego, te voy a hablar sobre los dibujos que hice.

1.

2.

3.

4.



**TEMA 8: En la granja**
**Semana dos** *El cumpleaños de Ratón*
**Notar detalles importantes, Reacción**

**Los niños**

- en el 1, el 2 y el 3, dibujan lo que Ratón podría hacer con cada uno de los regalos de cumpleaños

- en el 4, hacen un dibujo de lo a que ellos les gustaría regalar a Ratón y lo que Ratón haría con ese regalo

 **Conexión con el hogar**
Voy a hablarte del cuento *El cumpleaños de Ratón*. Luego te contaré sobre los regalos que recibió Ratón y te diré lo que yo le hubiera regalado.

**239**

## juguete   jirafa   caja

_______________________________

1. ¿Un _____________ para Mimi?

😊   ☹

2. ¡Una _____________ !

😊   ☹

3. La voy a poner en una _____________ .

😊   ☹

---

**TEMA 8: En la granja**
**Semana dos**
**Fonética:** *ja, je, ji, jo, ju*

**Los niños**
- leen las oraciones y escriben palabras
  para completarlas

**Conexión con el hogar**
Te voy a leer estas oraciones. Luego,
podemos recortar las palabras en sílabas,
recortarlas y volver a formarlas.

240

**Nombre** _______________________________

jo  ja

co  ne  ☐

ca  ☐

El _______________ ve una caja.

El conejo se para en la _______________ .

---

**TEMA 8: En la granja**
**Semana dos**
**Fonética:** *ja, je, ji, jo, ju*

**Los niños**
- escriben las sílabas para completar los nombres de los dibujos *(conejo, caja)*
- escriben cada palabra para completar las oraciones

**Conexión con el hogar**
Pídeme que te lea estas oraciones. Luego, podemos pensar en otras cosas que el conejo podría hacer con la caja.

**241**

## el   dijo

**1.** —Yo veo al perro —dijo

_______________

**2.**

—Yo veo al  —________

el perro.

**3.** —Yo veo una caja

_______________

—_______ el 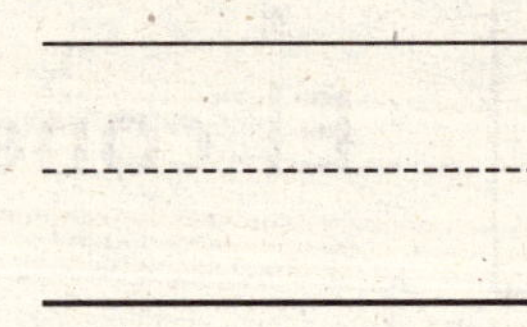 .

**4.** —No veo al —dijo

_______________

perro.

---

**TEMA 8: En la granja**
**Semana dos**
**Las palabras de uso frecuente *el, dijo***

**Los niños**
- leen las oraciones y escriben *el* y *dijo* para completarlas
- para la última oración, dibujan el cerdo en el lugar donde está escondido

**Conexión con el hogar**
Pídame que te lea estas oraciones. Luego te explicaré por qué el perro no podía ver al cerdo.

242

**TEMA 8: En la granja**
**Semana tres** *Un león en el camino*
**Sacar conclusiones**

**Los niños**
- en el 1 y el 2, colorean el dibujo de lo que el gato o el conejo está huyendo
- en el 3, dibujan algo de lo que ellos huirían

 **Conexión con el hogar**
El cuento *Un león en el camino* es sobre un granjero que se escapa de un león haciendo un truco. Te voy a contar cómo logró escapar.



**243**

1. 

2. 

---

**TEMA 8: En la granja**
**Semana tres** *Un león en el camino*
**Reacción**

244

**Los niños**
1. piensan en lo que el conejo del cuento haría dentro de su madriguera, y hacen un dibujo para ilustrar sus ideas
2. piensan en lo que el león del cuento haría después que se escapa el conejo, y hacen un dibujo para ilustrar sus ideas

 **Conexión con el hogar**
Yo inventé más ideas para el cuento *Un león en el camino*, e hice dibujos para ilustrar mis ideas. Te voy a explicar mis dibujos.

**1.**

**2.**

 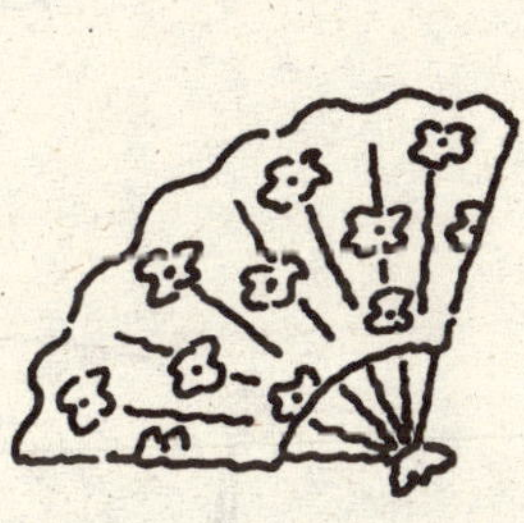  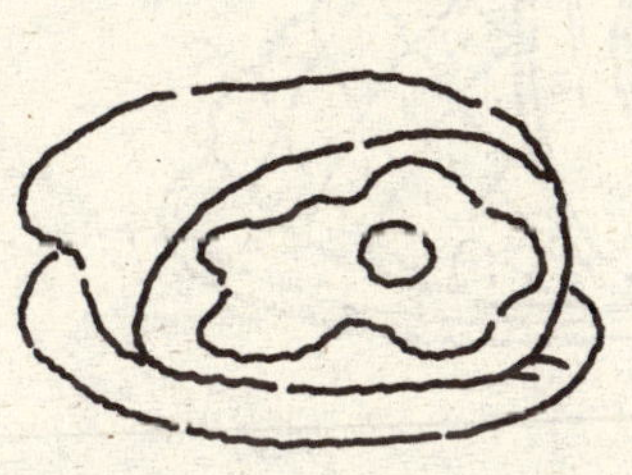 

**TEMA 8: En la granja**
**Semana tres**
**Repaso de la conciencia fonémica:** */h/, /j/*

**Los niños**
- colorean en cada fila el Alfamigo y dos dibujos cuyos nombres empiecen con la misma letra que el Alfamigo *(Hilda Hormiga, Javi Jaguar)*
- dibujan en cada fila algo más que empiece con el mismo sonido

 **Conexión con el hogar**
Te voy a contar sobre estos Alfamigos y te voy a decir por qué coloreé algunos dibujos al lado de ellos. Luego te voy a hablar de los dibujos que hice.

**Nombre** ___________________________

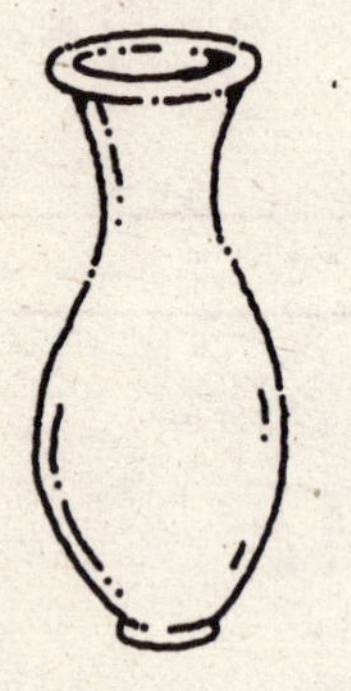

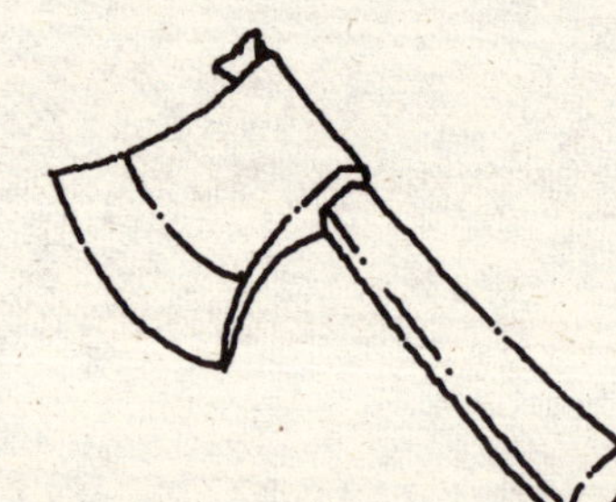

---

**TEMA 8: En la granja**
**Semana tres**
**Conciencia fonémica, Repaso: /h/, /j/**

**Los niños**
colorean los dibujos y

- trazan líneas desde *Hilda Hormiga* hasta las cosas que empiezan con *h*
- trazan líneas desde *Javi Jaguar* hasta las cosas que empiezan con *j*

 **Conexión con el hogar**
Por favor, ayúdame a buscar en revistas y libros cosas que empiezan con *h*, como *Hilda Hormiga*, o con *j*, como *Javi Jaguar*.

**246**

**Nombre** ___________________________

 J j ___________  H h ___________

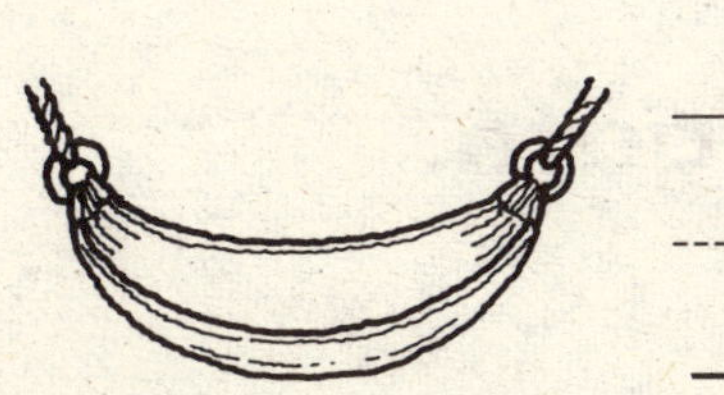

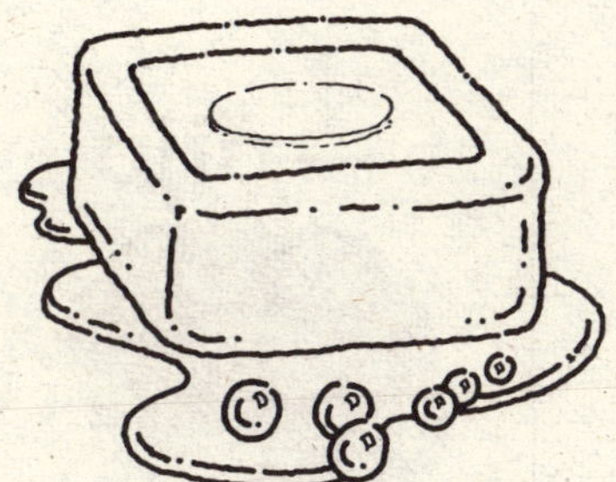

---

**TEMA 8: En la granja**
**Semana tres**
**Repaso fonético:** *ha, he, hi, ho, hu; ja, je, ji, jo, ju*

**Los niños**
- nombran los Alfamigos y las letras en la caja superior y escriben *Hh* y *Jj* sobre las líneas
- colorean los dibujos y escriben la sílaba inicial de cada uno

 **Conexión con el hogar**
Por favor, ayúdame a escribir las letras *h* y *j*. Luego, podemos buscar cosas o dibujos cuyos nombres empiezan con las sílabas *ha, he, hi, ho, hu* o *ja, je, ji, jo, ju*.

247

## dijo   el

**1.** —Tengo una casa para

_______

_______ gato —dijo Sara.

**2.** —El gato es cariñoso

-------

— _______ Sara.

**3.** _______

-------

—Es mi casa — _______

el gato.

**4.** —Me gusta mi casa

_______

-------

—dijo _______ gato.

---

**TEMA 8: En la granja**
**Semana tres**
**Repaso de palabras de uso frecuente:** *dijo, el*

**Los niños**
- leen las oraciones y escriben *dijo* y *el* para completarlas
- colorean los dibujos

**Conexión con el hogar**
Pídame que te lea este cuentito. Luego, podemos ojear libros y buscar las palabras *dijo* y *el*.



248

**Nombre** ______________________________

1.

2.

**TEMA 8: En la granja**
**Semana tres** *El cumpleaños de Ratón*
**Sacar conclusiones, Reacción**

**Los niños**

1. dibujan algunos de los invitados y algo que pasó en el cumpleaños de Ratón

2. dibujan los invitados que quizás irían a una fiesta para el granjero y lo que podría pasar en esa fiesta

**Conexión con el hogar**
Hoy escuchamos un cuento sobre la fiesta de cumpleaños de un ratón. Te voy a contar las cosas graciosas que ocurrieron y te voy a hablar sobre los dibujos que hice.

**249**

## jirafa   hada   helado

**1.** ____________________________

**Veo una** __________ .

**2.** __________

**Veo un** __________ .

**3.** __________

**Veo un** __________ .

**TEMA 8: En la granja**
**Semana tres**
**Repaso fonémico:** *ha, he, hi, ho, hu; ja, je, ji, jo, ju*

**250**

**Los niños**
- leen las oraciones y escriben *jirafa*, *hada* y *helado* para completarlas
- marcan la sonrisa (sí) o la mueca (no) para indicar si los dibujos corresponden con las oraciones

**Conexión con el hogar**
Te voy a leer estas oraciones. Luego, podemos recortar las palabras, mezclarlas y volver a formar las oraciones.

**jo** **ho** **hi**

**mo** [ ]  _______________ la tela.

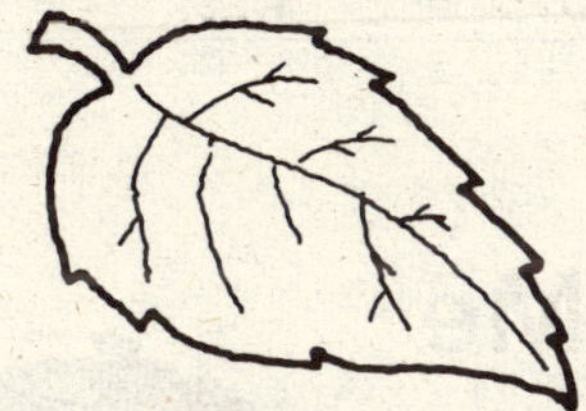 [ ] **ja**  Veo una _______________ .

 [ ] **jo**  Miro a mi _______________ .

---



**TEMA 8: En la granja**
**Semana tres**
**Repaso fonético:** *ha, he, hi, ho, hu; ja, je, ji, jo, ju*

**Los niños**
- escriben las sílabas para completar los nombres de los dibujos (*ojo, hoja, hijo*)
- escriben las palabras para completar las oraciones

 **Conexión con el hogar**
Pídeme que te lea las palabras y las oraciones. Luego, vamos a tratar de decir "Mi hijo abrió un ojo y vio una hoja" cinco veces rápido. ¿Crees que podemos hacerlo sin reírnos?

**251**

## dijo   el   para   tengo

**1.** ______________

Javi dijo: —Yo ______________
una cosa para Tito.

**2.** Mara dijo: —Yo tengo una

______________

cosa ______________ Tito.

**3.** ______________

Ana dijo: —¡Pero ______________
gato es para Tito!

**4.** ______________

Tito ______________ : —¡Me
gusta cada animalito!

---

**TEMA 8: En la granja**
**Semana tres**
**Las palabras de uso frecuente**
*dijo, el, para, tengo*

**Los niños**
- leen las palabras en la caja superior
- leen las oraciones y escriben las palabras para completarlas
- colorean el dibujo del regalo de Tito que les gusta más

**Conexión con el hogar**
He aprendido a leer las palabras *dijo, el, para* y *tengo*. Te voy a leer las oraciones con estas palabras.

1 2 3

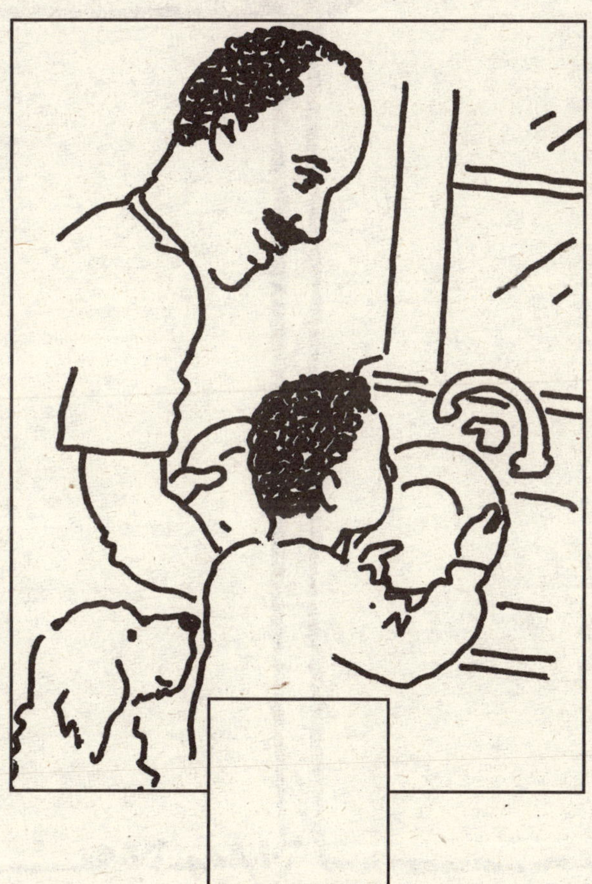

---

**TEMA 9: Llegó la primavera**
**Semana uno**  *Kevin y su papá*
**Secuencia de sucesos**

**Los niños**
- escriben *1*, *2*, y *3* en los dibujos para mostrar lo que Kevin y su papá hicieron primero, luego y por último en el cuento
- colorean los dibujos que muestran al niño y a su papá trabajando

**Conexión con el hogar**
Pídeme que te cuente el cuento que escuchamos hoy, *Kevin y su papá*. Luego podemos hablar de los pasos necesarios para hacer un trabajo juntos en la casa.

**253**

**Nombre** ______________________________



---

**TEMA 9: Llegó la primavera**
**Semana uno** *Kevin y su papá*
**Reacción**

**254**

**Los niños**
- dibujan a sí mismos haciendo alguna tarea con otro miembro de la familia
- dibujan algunos objetos que podrían usar para hacer varias tareas en la casa

 **Conexión con el hogar**
Te voy a hablar sobre los dibujos que hice. Vamos a ver cuántas de nuestras tareas son como las tareas que hizo Kevin con su papá.

**TEMA 9: Llegó la primavera**
**Semana uno**
**Conciencia fonémica: /w/**

**Los niños**

- colorean todos los dibujos de las páginas 255 y 256 cuyos nombres empiezan con *w*, como *Walter Wallabi*.
- rodean con un círculo todas las "W" que están escondidas en la ilustración
- recortan y pegan los dibujos con ese sonido en la página 256 y dibujan a *Walter Wallabi* con sus amigos

**Conexión con el hogar**
Hoy aprendí algunas palabras que empiezan con la letra "W". Esta letra se usa muy poco en español. Vamos a nombrar todas las cosas en esta hoja y al dorso que empiezan con *w*, como *Walter Wallabi*.

**255**

**TEMA 9: Llegó la primavera**
**Semana uno**
**Conciencia fonémica: /w/**

**Nombre** ______________________________

1. W w ___W___ ___w___

2.   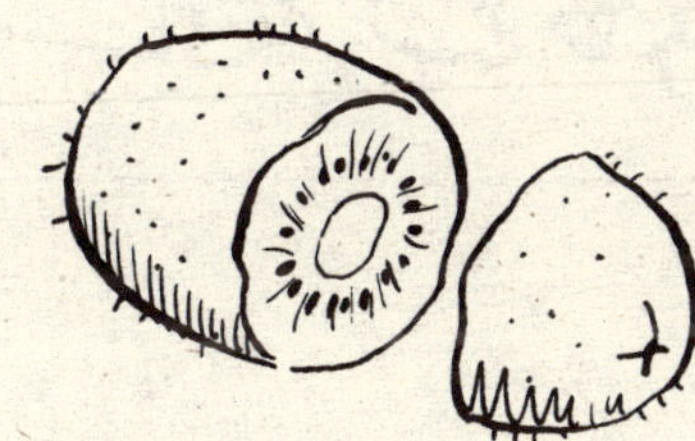

---

**TEMA 9: Llegó la primavera**
**Semana uno**
**Fonética:** *wa, wi*

**Los niños**
- para el 1, escriben las letras *Ww* sobre las líneas
- para el 2, colorean los dibujos, escriben *wa* o *wi* al lado de cada uno y rodean con un círculo el dibujo que contiene *w* en la sílaba final

 **Conexión con el hogar**
Hoy aprendimos los sonidos *wa, wi*. Estos sonidos se usan con poca frecuencia en español. La próxima vez que escuchemos la televisión juntos, vamos a ver cuántas veces escuchamos estos sonidos. Si escuchamos la televisión en inglés, vamos a oír más palabras con este sonido.

**257**

## los   las

**1.** ____________________

**2.** ____________________

**3.** ____________________

**4.** ____________________

**TEMA 9: Llegó la primavera**
**Semana uno**
**Palabras de uso frecuente *los, las***

**258**

**Los niños**
- escriben el artículo, *los* o *las*, que va con cada dibujo

**Conexión con el hogar**
Te voy a explicar por qué escribí *los* para alugunos dibujos y *las* para otros.

**Nombre** _______________________________________________

1    2    3

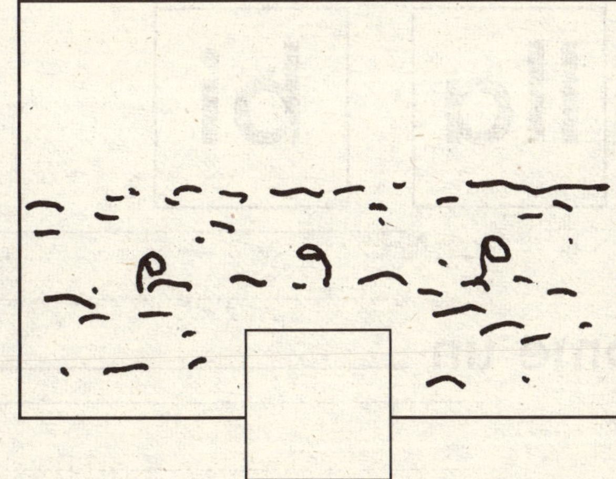

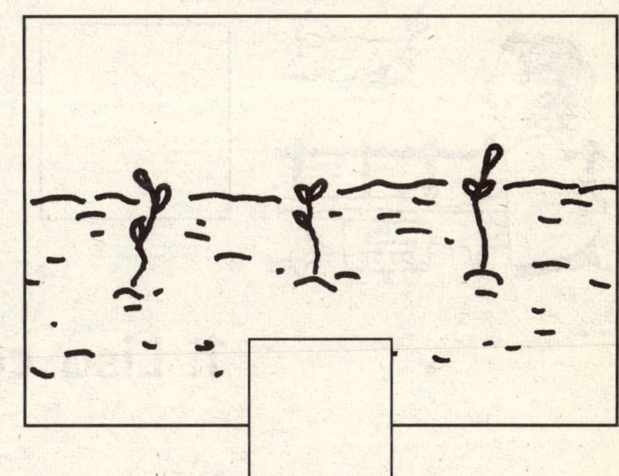

---

**TEMA 9: Llegó la primavera**
**Semana uno**
**Secuencia de sucesos**

**Los niños**
En cada fila,

- escriben *1*, *2*, *3* debajo de cada dibujo para indicar qué pasa primero, luego y por último
- colorean los dibujos que muestran lo que pasa por último
- piensan en un cuento para cada grupo de dibujos

 **Conexión con el hogar**
Escribí *1*, *2* y *3* en los dibujos para indicar qué pasa primero, luego y por último. Te voy a contar un cuento que inventé para cada grupo de dibujos.

**259**

Nombre _______________________________________________

| wa | wi |

**1.**   ki    [ ]

**2.**  [ ] lla bi

1. Lisa come un _________________________________ .

2. Yo veo un _________________________________ .

---

**TEMA 9: Llegó la primavera**
**Semana uno**
**Fonética:** *wa, wi*

**260**

**Los niños**
- escriben *wa* o *wi* para completar los nombres de los dibujos (*kiwi, wallabi*)
- escriben cada palabra para completar las oraciones

 **Conexión con el hogar**
Puedo leer estas oraciones. Podemos recortar los cuadros que contienen las sílabas y formar las palabras de nuevo.

ki → wi

wa → lla bi

¿Es ese animalito un _____________?

¿El wallabi come _____________?

---

**TEMA 9: Llegó la primavera**
**Semana uno**
**Fonética:** *wa, wi*

**Los niños**
- unen las sílabas en los cuadros para formar las palabras *kiwi*, *wallabi*
- escriben estas palabras para completar las oraciones

**Conexión con el hogar**
Te voy a leer estas oraciones.
Luego podemos usar las palabras en nuevas oraciones.

## los   las   dijo   el

**1.** ______________________

—Veo ____________ 

—dijo el pato.

**2.** ______________________

—Veo los 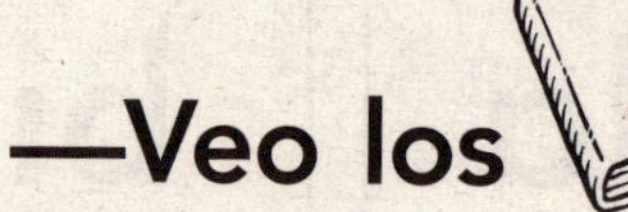 — ____________

—el niño.

**3.** ______________________

—Veo ____________ 

—dijo la niña.

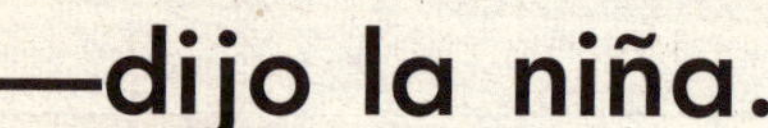

**4.**

—Veo las  —dijo el

gato.

---

**TEMA 9: Llegó la primavera**
**Semana uno**
**Repaso de las palabras de uso**
**frecuente *los, las, dijo, el***

**262**

**Los niños**
- leen las oraciones y escriben *los*, *las*, *dijo* o *el* para completarlas
- hacen un dibujo para la oración 4

 **Conexión con el hogar**
Te voy a leer estas oraciones. Luego podemos recortar los cuadros y hacer un librito. Vamos a hacer una cubierta y luego lo leeré a otra persona.

# Nombre ________________

**1.**

**2.**



---

**TEMA 9: Llegó la primavera**
**Semana dos** *La tortuga y la liebre*
**Personajes/Ambiente**

**Los niños**
1. rodean con un círculo los dibujos que muestran sobre quiénes es el cuento
2. colorean el dibujo que muestra dónde ocurrió el cuento

 **Conexión con el hogar**
Pídeme que te hable del cuento *La tortuga y la liebre*. Luego te voy a hablar de los dibujos de los personajes y te explicaré dónde ocurrió el cuento.

**263**

1.

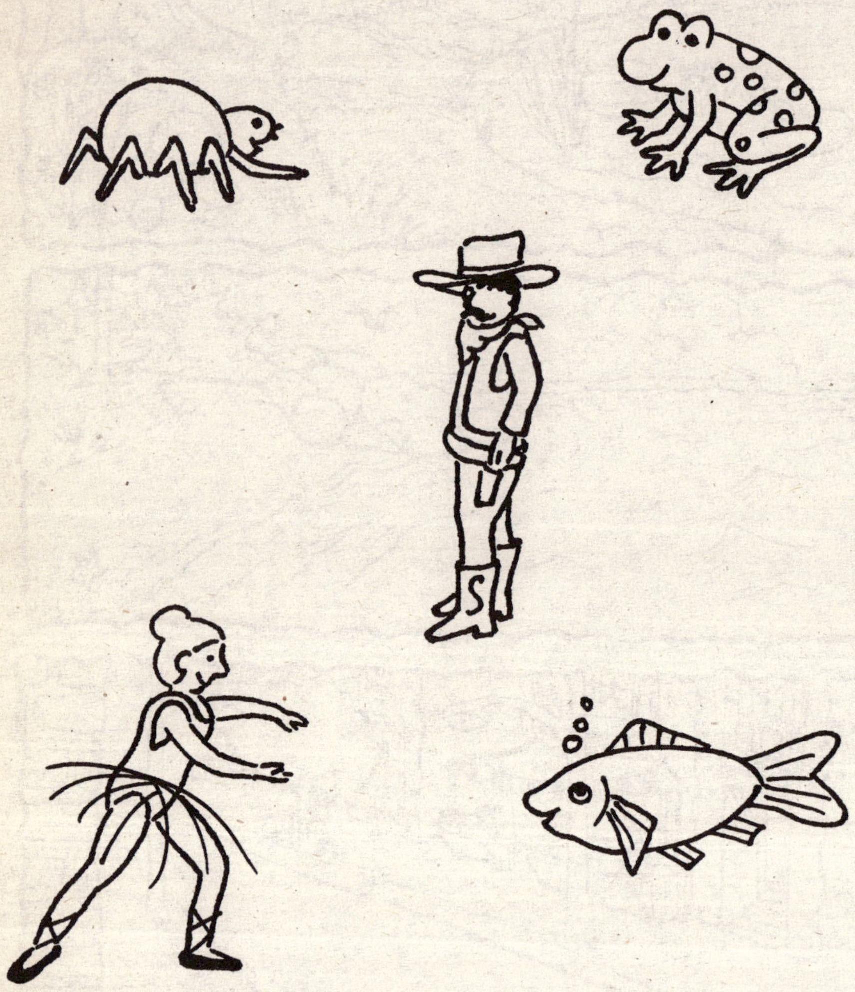

2.

---

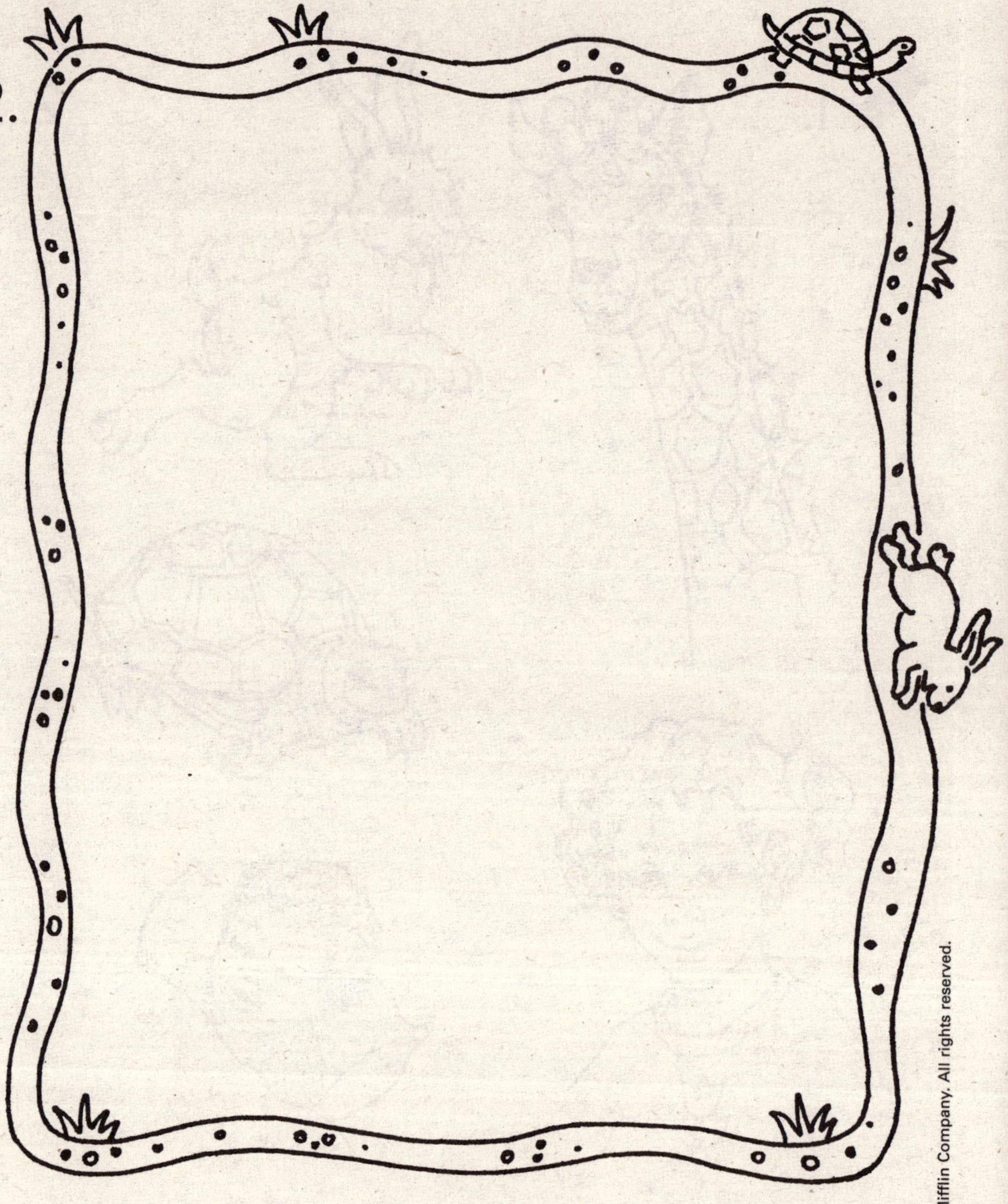

**TEMA 9: Llegó la primavera**
**Semana dos** *La tortuga y la liebre*
**Reacción**

**264**

**Los niños**

1. escogen y colorean un personaje con quien a
   Liebre posiblemente le gustaría competir la
   próxima vez

2. hacen su propio dibujo de esta nueva carrera

**Conexión con el hogar**
Mientras observas mi dibujo, te voy
a contar sobre los personajes de mi
cuento y dónde ocurre esta carrera.

**TEMA 9: Llegó la primavera**
**Semana dos**
**Conciencia fonémica:** /x/

**Los niños**
- rodean con un círculo todas las *x* en el dibujo
- colorean todos los dibujos de las páginas 265 y 266 cuyos nombres continene la *x*, como *Xilo Rayo-X*
- recortan y pegan los dibujos con ese sonido en los cuadros de la página 266
- dibujan algo más que contiene ese sonido

**Conexión con el hogar**
Te voy a mostrar los dibujos que continenen la letra *x* como *Xilo Rayo-X*. La próxima vez que salgamos a pasear juntos, podemos buscar cosas que contienen la letra *x*.

**265**

Nombre ______________________________

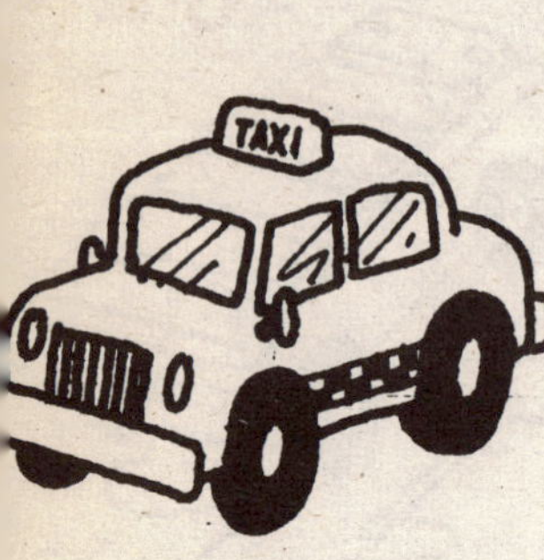

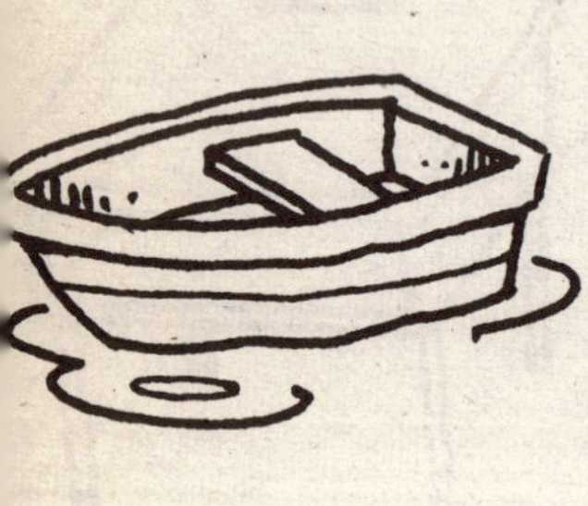

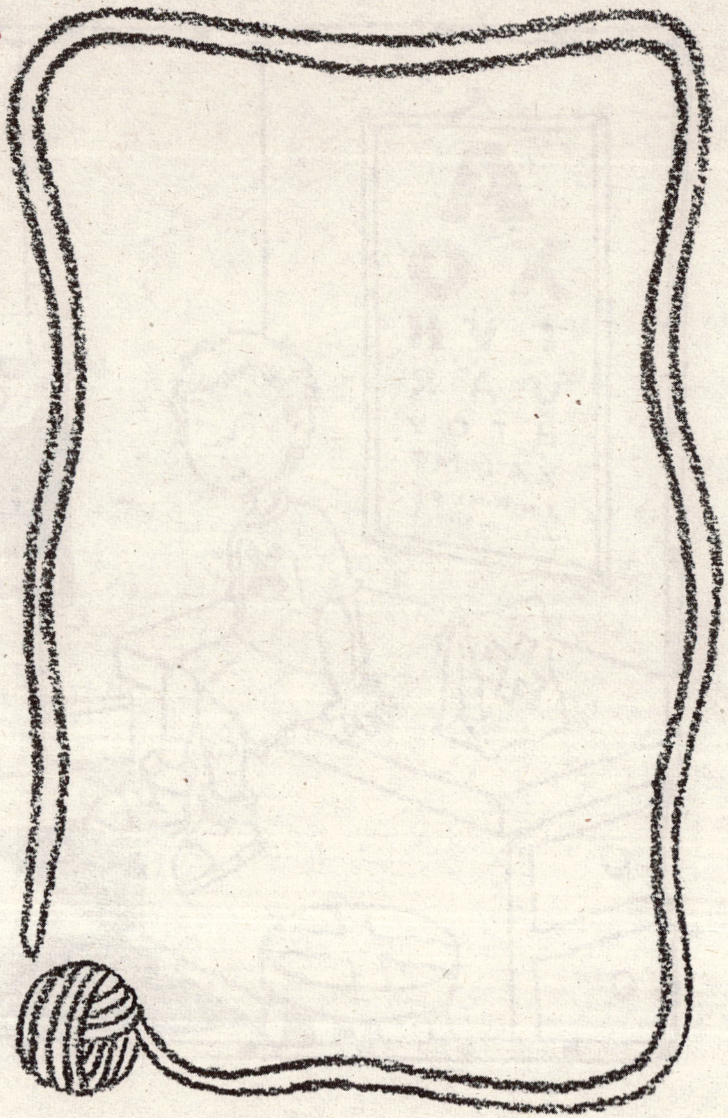

TEMA 9: Llegó la primavera
Semana dos
Conciencia fonémica: /x/

**Nombre** _______________________________

**1.**

**xi**

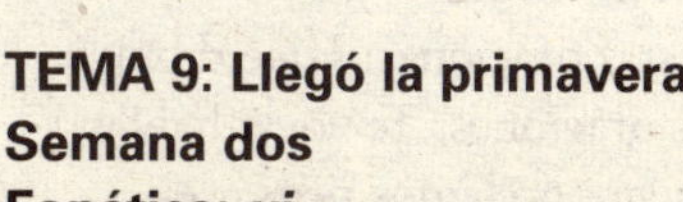

**2.**

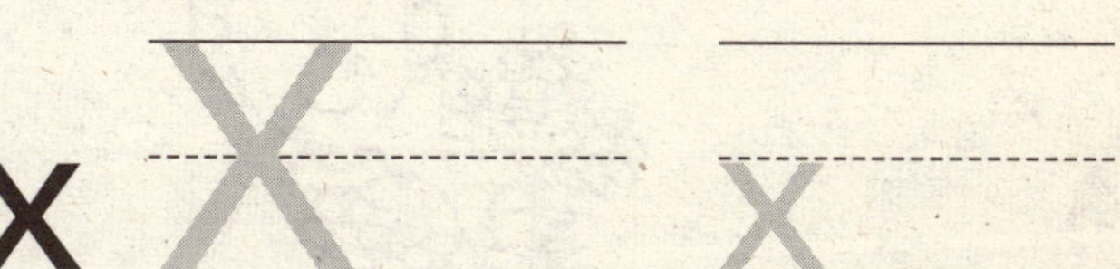



---

**TEMA 9: Llegó la primavera**
**Semana dos**
**Fonética: *xi***

**Los niños**

1. trazan líneas desde los dibujos que contienen la sílaba *xi* hasta las letras *xi*

2. escriben *Xx* sobre las líneas y dibujan algo más que contiene la letra *x*

 **Conexión con el hogar**
La próxima vez que vayamos a la biblioteca, vamos a buscar en los libros fotos de rayos-x.

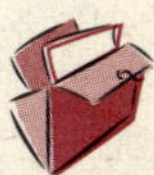

267

Las _______________ de Lila. Los _______________ de Paco.

---

**TEMA 9: Llegó la primavera**
**Semana dos**
**La palabra de uso frecuente *son***

**Los niños**
- leen las oraciones y escriben *son* para completarlas
- dibujan algo que va con la oración

**Conexión con el hogar**
Puedo leerte estas oraciones. Hice dibujos para dos de las oraciones. Te voy a hablar sobre ellas. Luego, podemos pensar en otras oraciones con la palabra *son*.

**Nombre** _______________________________________

**TEMA 9: Llegó la primavera**
**Semana dos** *Mi prima Vera*
**Personajes/Ambiente, Reacción**

**Los niños**
- dibujan el personaje principal del cuento
- dibujan algunas de las cosas que Vera regó en vez de regar las flores

**Conexión con el hogar**
¿Quieres que te cuente un cuento gracioso que escuché hoy? Se llama *Mi prima Vera*. ¿Tienes una idea de qué trata el cuento?

**269**

 **taxi  examina** 

**1.** ___________________________

El ___________________________ es amarillo.

**2.** ___________________________

Pepe ___________________________ la rosa.

---

**TEMA 9: Llegó la primavera**
**Semana dos**
**Fonética:** *xi*

**Los niños**
• leen las oraciones y escriben palabras para completarlas
• colorean el primer dibujo para que corresponda con la oración y dibujan qué está oliendo el niño en el segundo dibujo

**Conexión con el hogar**
Vamos a escribir *taxi* y *examina* en una hoja de papel. Yo voy a usar cada palabra en una oración y tú puedes escribir mis oraciones.

Nombre ___________________________________________

**ta** [ ]

Felipe toma un __________.

 **e** [ ] **mi** **na**

Paco ____________________
a Felipe.

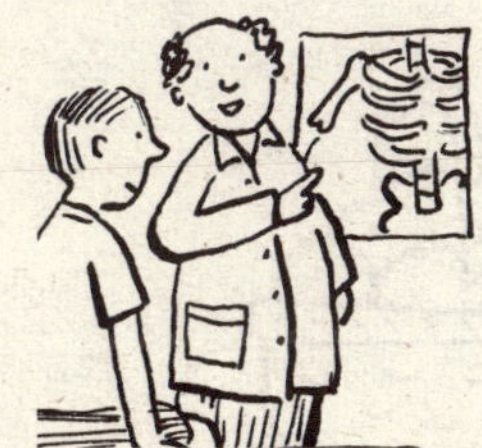 **rayo** **—** [ ]

Veo un __________.

---

**TEMA 9: Llegó la primavera**
**Semana dos**
**Fonética: *xi, xa***

**Los niños**
- escriben la sílaba *xi* o la letra *x* para completar las palabras que van con las ilustraciones
- escriben las palabras *taxi, examina, rayo-x* para completar las oraciones

 **Conexión con el hogar**
Voy a leer estas oraciones que completé con las palabras *taxi*, *examina*, *rayo-x*. Luego, podemos pensar en otras oraciones para estas palabras. ¿Puedes escribir las oraciones para mí?



271

**dijo   Los   Las   son**

**1.** ________________________________________

—Son las ocho —________________ Mami.

**2.** ________________________________________

— ________________  son de Pepe —dijo Lola.

**3.** ________________________________________

—Las  ________________ de Mami —dijo Pepe.

**4.** ________________________________________

— ________________  son de Sabina —dijo Melisa.

---

**TEMA 9: Llegó la primavera**
**Semana dos**
**272** **Las palabras de uso frecuente**
*dijo, los, las, son*

**Los niños**
- leen las oraciones y escriben *dijo, Los, Las, son* para completarlas
- colorean los dibujos

**Conexión con el hogar**
Te voy a leer estas oraciones. Luego podemos buscar en libros las palabras *dijo, los, las* y *son*.

# Nombre

**TEMA 9: Llegó la primavera**
**Semana tres** *Los tres chivitos Gruff*
**Categorizar y clasificar**

**Los niños**
- colorean de amarrillo las cosas para el chivito Gruff pequeño, de rojo las cosas para el chivito Gruff mediano, y de azul las cosas para el chivito Gruff grande
- dibujan algo más en tres tamaños para los tres chivitos

 **Conexión con el hogar**
Hoy escuchamos un cuento que se llama *Los tres chivitos Gruff*. Te lo voy a contar. Escucha lo que cada uno dice al gnomo debajo del puente y cómo lo dice.

**273**

Nombre ______________________________

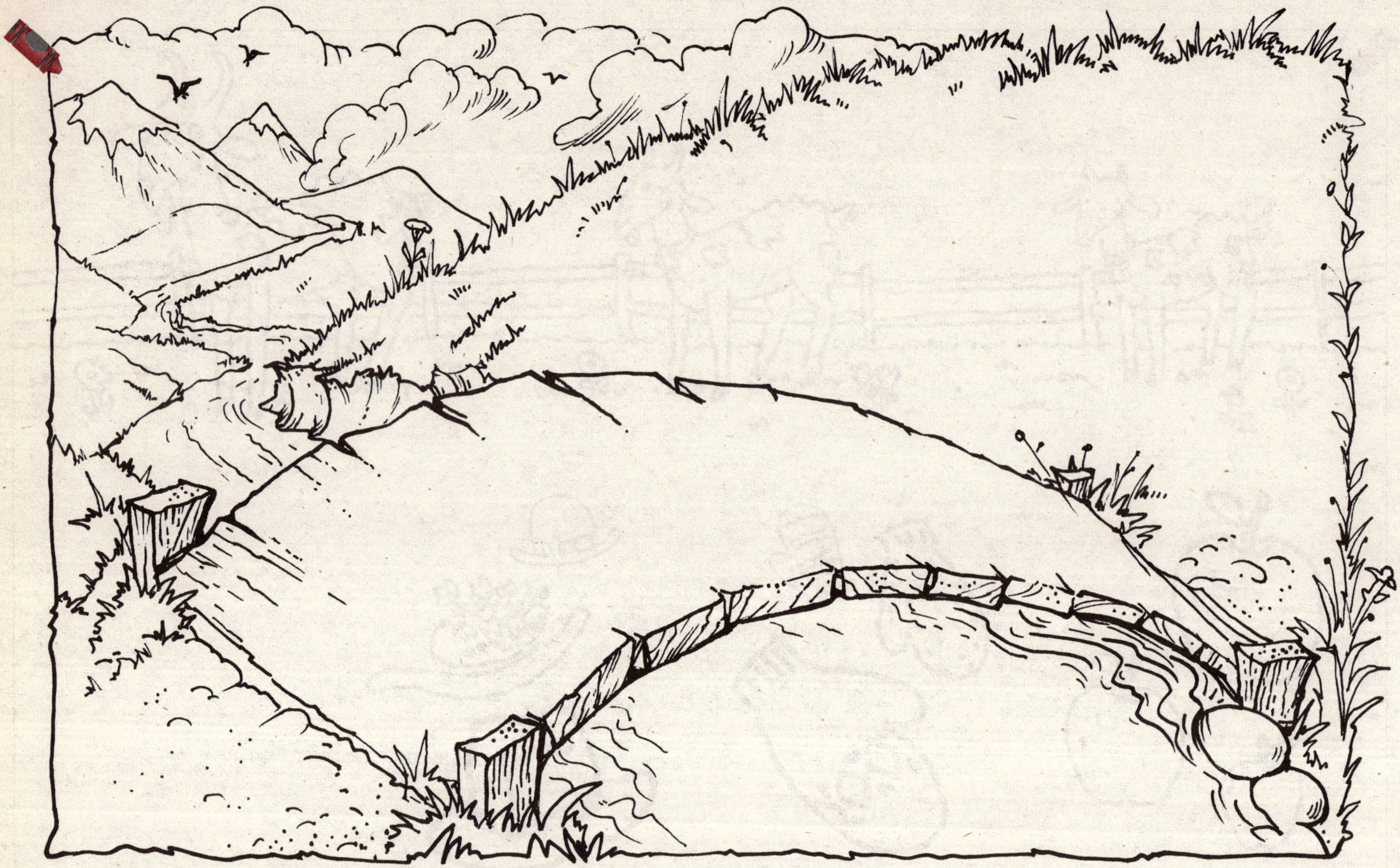

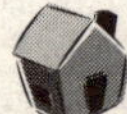

**TEMA 9: Llegó la primavera**
**Semana tres** *Los tres chivitos Gruff*
**Reacción**

**Los niños**
- dibujan algo que les gustaría ver en la colina
- dibujan algo debajo del puente
- dibujan a alguien sobre la puente

**Conexión con el hogar**
Te voy a contar sobre los dibujos que hice. Luego, podemos inventar un cuento sobre mis dibujos y decidir cómo se puede llegar a la colina sin cruzar el puente.

**Nombre** _______________________________

**TEMA 9: Llegó la primavera**
**Semana tres**
**Conciencia fonémica: /y/**

**Los niños**
- colorean todos los dibujos de las páginas 155 y 156 cuyos nombres empiezan con *y*, como *Yiyo Yoyo*
- recortan y pegan los dibujos con ese sonido en los cuadros de la página 276
- dibujan algo más que empiece con este sonido

 **Conexión con el hogar**
Vamos a nombrar las cosas en esta hoja y al revés que empiezan con *y*, como *Yiyo Yoyo*. Luego, podemos buscar en la casa otras cosas que empiezan con *y*.

275

Nombre ____________________

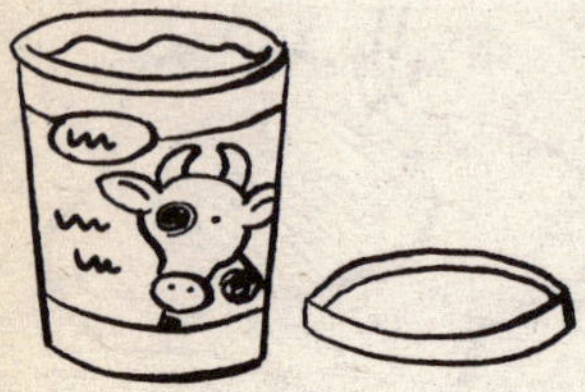

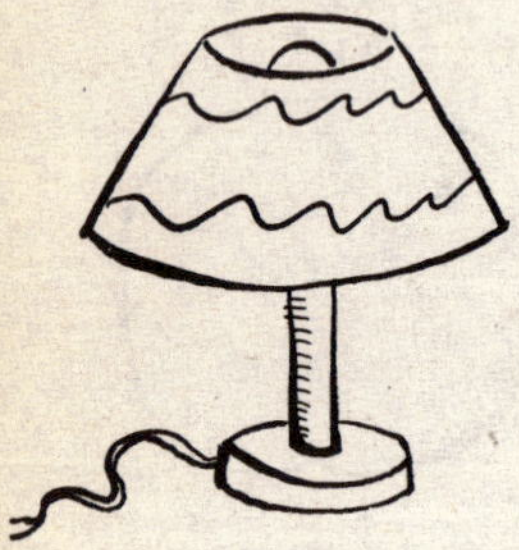

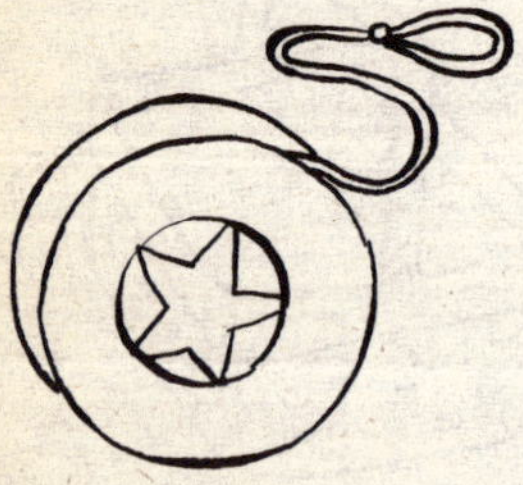

**TEMA 9: Llegó la primavera**
**Semana tres**
**Conciencia fonémica: /y/**

**Nombre** _______________________________

1.

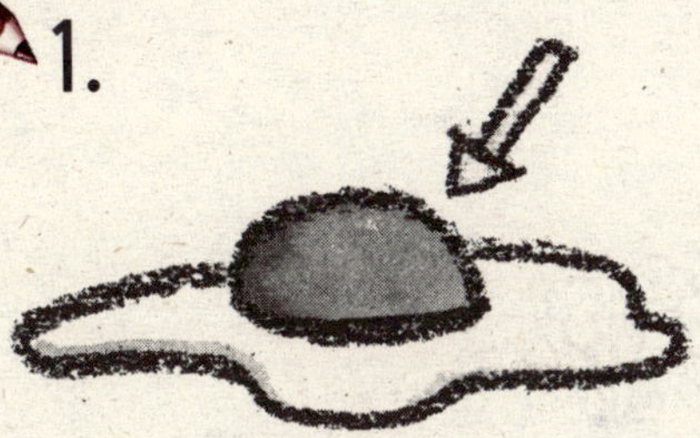

yo

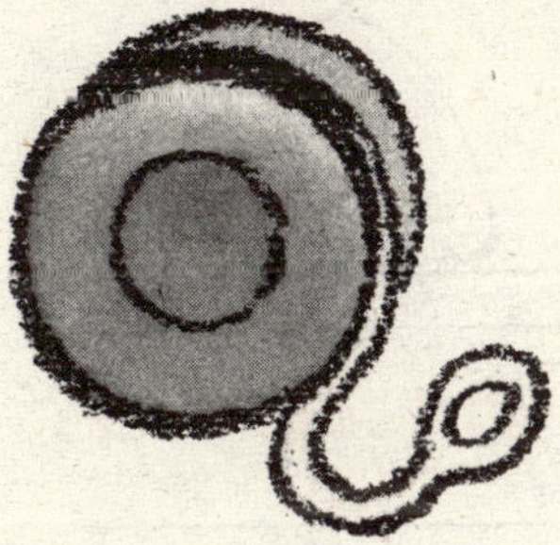

ye

ya

2.

Y y Y y

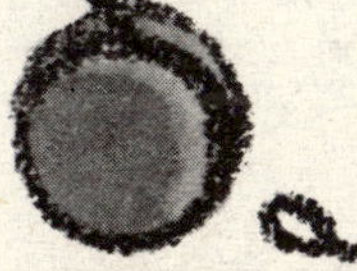

---

**TEMA 9: Llegó la primavera**
**Semana tres**
**Fonética:** *ya, ye, yi, yo, yu*

**Los niños**
- trazan líneas desde cada dibujo hasta la sílaba que corresponde
- escriben *Yy* sobre las líneas y dibujan algo más que empiece con este sonido

**Conexión con el hogar**
La próxima vez que salgamos a pasear, vamos a buscar cosas que empiecen con los sonidos *ya, ye, yi, yo, yu.*

**277**

## Los    Las    son

**1.**

______________________
- - - - - - - - - - - - - - - - - - - -
______________________

**Los** _____________ **de Felipe.**

**2.**

______________________
- - - - - - - - - - - - - - - - - - - -
______________________

**son de Sara.**

**3.**

______________________
- - - - - - - - - - - - - - - - - - - -
______________________

**son de Rigo.**

**4.**

______________________
- - - - - - - - - - - - - - - - - - - -
______________________

**Las** _____________ **de Vera.**

---

**TEMA 9: Llegó la primavera**
**Semana tres**
**Repaso de las palabras de uso
frecuente *los, las, son***

**Los niños**
- leen las oraciones y escriben *Los, Las* y *son*
para completarlas
- hacen un dibujo para ilustrar la última oración

**Conexión con el hogar**
Te voy a leer estas oraciones. Luego voy
a hacer otros dibujos e inventar nuevas
oraciones con las palabras *los, las* y *son*.
Tú puedes escribir las oraciones que van
con mis dibujos.

**278**

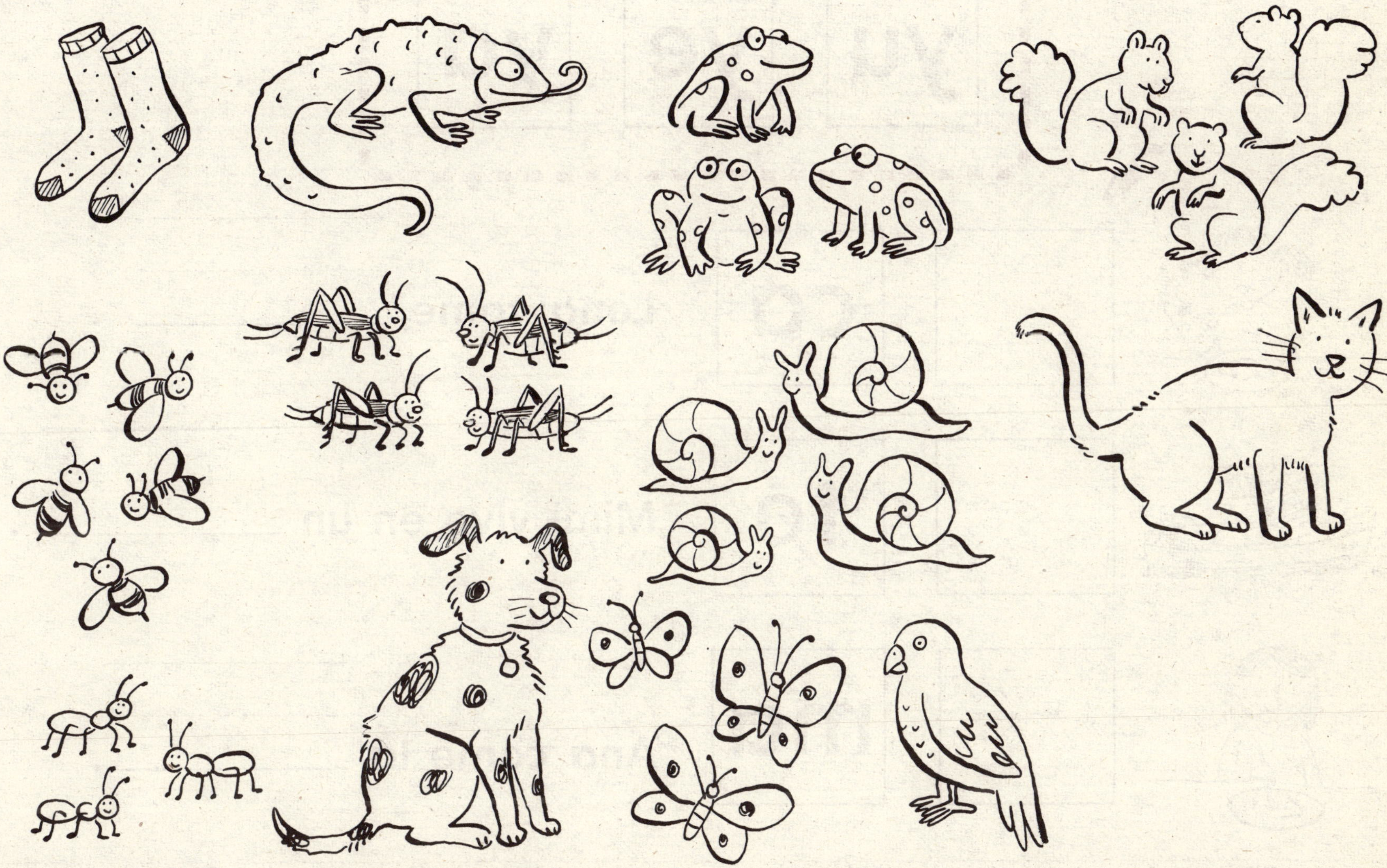

**TEMA 9: Llegó la primavera**
**Semana tres** *Mi prima Vera*
**Hacer predicciones, Reacción**

**Los niños**
- colorean de rojo todas las cosas que vuelan
- colorean de azul la cosa que no es un animal
- dibujan otro animal y otra prenda de vestir que Vera podría regar

 **Conexión con el hogar**
¿Sabes por qué coloreé algunas cosas de rojo y otras cosas de azul? Te voy a explicar.

Lena come ___________ .

Mimi vive en un ___________ .

Ana come la ___________ .

---

**TEMA 9: Llegó la primavera**
**Semana tres**
**Fonética:** *ya, ye, yi, yo, yu*

**Los niños**
- escriben las sílabas *yu*, *ya*, *ye* para completar las palabras
- leen las oraciones y escriben las palabras *yuca*, *yate* y *yema* para completarlas

**Conexión con el hogar**
Podemos recortar las cajas de letras y volver a construir las palabras *yuca*, *yate* y *yema*. Luego, podemos colocar las palabras al lado de los dibujos que corresponden.



280

**Nombre** _______________________________________

## yuca    yoyo    yema

**1.** _______________________

¿Pepe come _____________?

**2.** _______________________

¿Veo un _____________?

**3.** _______________________

¿A Lola le gusta la _____________?

---

**TEMA 9: Llegó la primavera**
**Semana tres**
**Fonética:** *ya, ye, yi, yo, yu*

**Los niños**
- observan las ilustraciones, leen las preguntas y escriben palabras para completarlas
- colorean la sonrisa (sí) o la mueca (no) para contestar las preguntas

 **Conexión con el hogar**
¡Te puedo leer estas oraciones!
Podemos escribir las sílabas *yu, ca, yo, yo, ye, ma* en unas tarjetas y volver a construir las palabras.

281

## dijo  el  Los  son

**1.** __________________________________

Los  __________________________________

de Susi.

**2.** __________________________________

Paco mira __________________________  .

**3.** __________________________________

El  es bonito — __________________

Paco.

**4.** __________________________________

__________________ 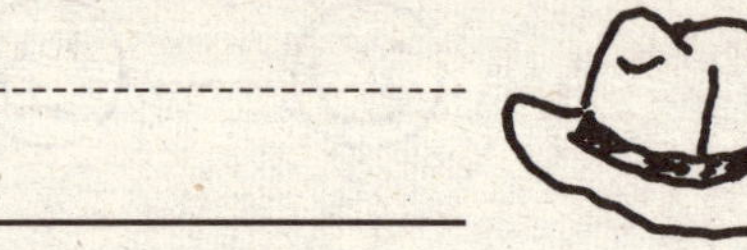 rojo es

para Susi.

---

**TEMA 9: Llegó la primavera**
**Semana tres**
**Repaso de las palabras de uso**
**frecuente *dijo, el, los, son***

**Los niños**
- leen las oraciones y escriben *dijo*, *el*, *Los* y *son* para completarlas
- colorean el sombrero de rojo en el cuadro 4

 **Conexión con el hogar**
Te voy a leer estas oraciones. Luego, podemos crear otras oraciones con estas palabras. ¿Puedes escribir las oraciones para que yo puede buscar las palabras *dijo*, *el*, *los* y *son*?

1.

2.

3.

**TEMA 10: Animales del mundo**
**Semana uno** *¡Escápate!*
**Comienzo, desarrollo, final**

**Los niños**
- piensan en los sucesos del comienzo, del desarrollo y del final del cuento
- hacen un dibujo en el cuadro 2 que muestre algo que ocurrió en el cuento después de que Conejo Pequeño empezó a correr y antes de que todos los animales volvieran a dormirse

 **Conexión con el hogar**
Te voy a contar un cuento que se llama *¡Escápate!* Voy a señalar los dibujos mientras te lo cuento.

**283**

Nombre ______________________________

1.

2.

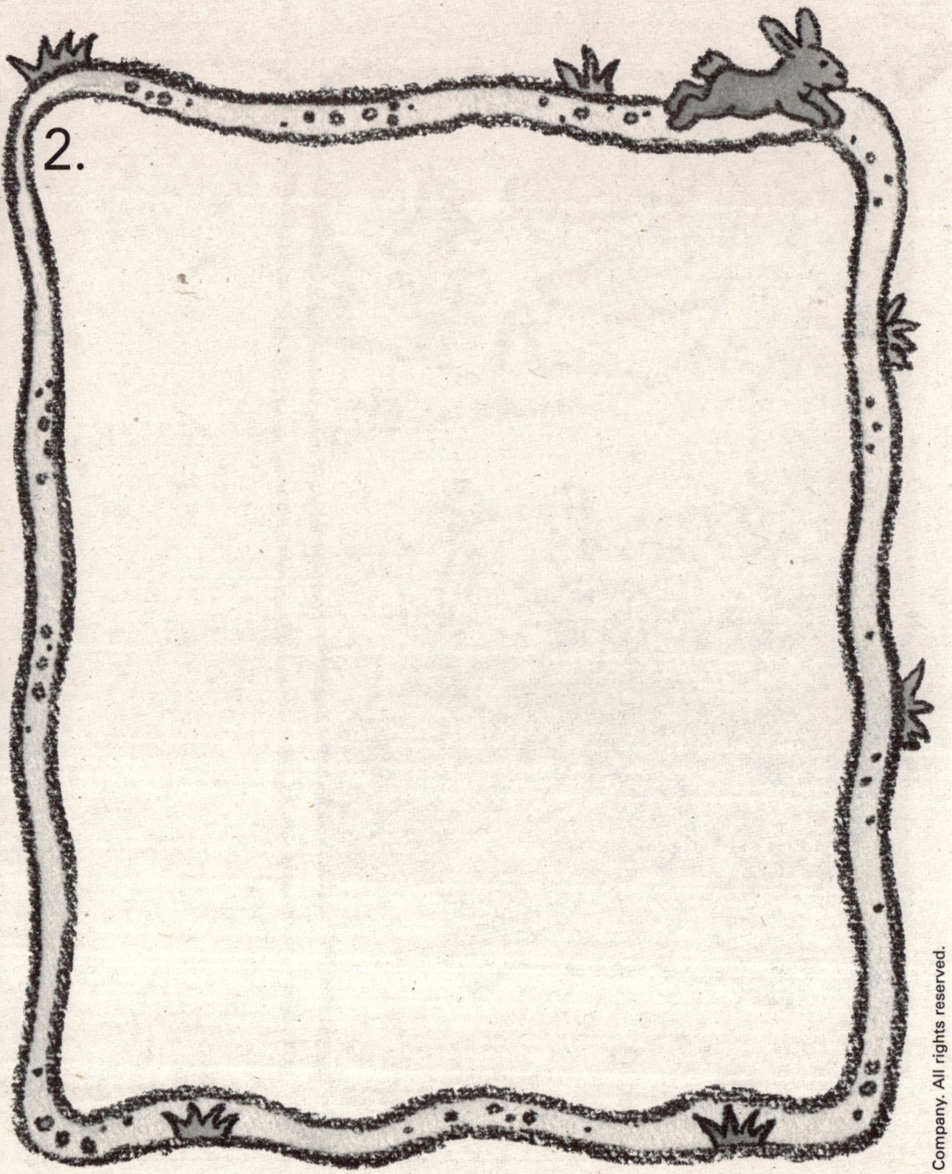

**TEMA 10: Animales del mundo**
**Semana uno**  *¡Escápate!*
**Reacción**

**Los niños**
- hacen un dibujo para mostrar qué pensaba Conejo Pequeño que estaba persiguiéndolo
- piensan en algo más que podría asustar al conejo y a los otros animales y dibujan su idea

**Conexión con el hogar**
Hoy escuchamos un cuento que se llama *¡Escápate!* Te lo voy a contar mientras observas los dibujos.

284

**TEMA 10: Animales del mundo**
**Semana uno**
**Conciencia fonémica:** /z/

**Los niños**
- colorean todos los dibujos de las páginas 195 y 196 cuyos nombres empiezan con z, como *Zito Zorro*
- rodean con un círculo todos las Z que están escondidos en la ilustración
- recortan y pegan los dibujos con ese sonido en la página 286 y dibujan algo más que empiece con este sonido

**Conexión con el hogar**
Vamos a nombrar todas las cosas en la casa que empiezan con z, como *Zito Zorro*.



**285**

**TEMA 10: Animales del mundo**
**Semana uno**
**Conciencia fonémica: /z/**

**Nombre** _______________________________________________

1. 

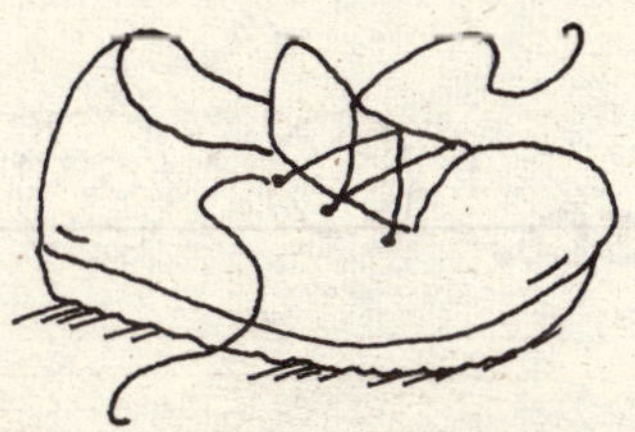

2.    Z z Z z 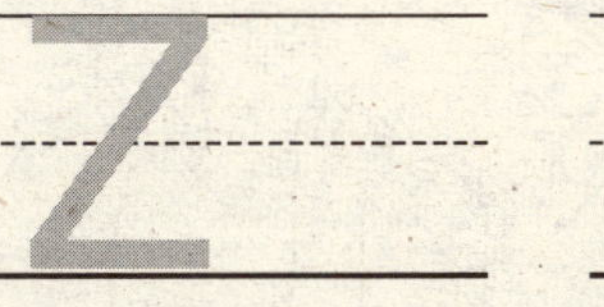

zu

zo

za

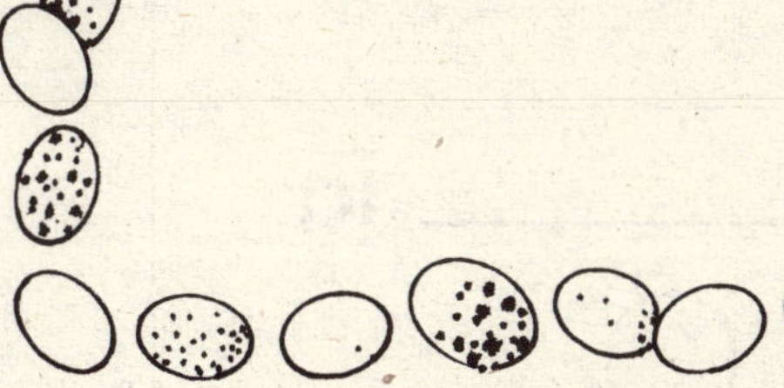   

---

**TEMA 10: Animales del mundo**
**Semana uno**
**Fonética:** *za, ze, zi, zo, zu*

**Los niños**
- trazan una línea desde cada dibujo hasta la sílaba inicial
- dibujan algo más que empieza con *za, ze, zi zo* o *zu* en la caja con *Zito Zorro*

**Conexión con el hogar**
¿Me puedes ayudar a buscar en revistas dibujos de cosas cuyas nombres empiezan con *z*, como *Zito Zorro*?

**287**

## en

**1.**

Veo a Lupe y a Sami

________________

________ la arena.  

**2.**

Veo a Mami y a Papi

________________

________ la casa.  

**3.**

Veo a Pepito ________ la cuna. 

**4.**

________________

Veo a Lisa ________ el coche.

---

**TEMA 10: Animales del mundo**
**Semana uno**
**Palabra de uso frecuente** *en*

**288**

**Los niños**
- leen las oraciones y escriben *en* para completarlas
- colorean la sonrisa (sí) o la mueca (no) para indicar si el dibujo va con la oración
- hacen un dibujo para la oración 4

**Conexión con el hogar**
Yo aprendí a leer la palabra *en* y la escribí para completar estas oraciones. Te las voy a leer.

1 2 3

**TEMA 10: Animales del mundo**
**Semana uno**  *¡Plaf!*
**Comienzo, desarrollo, final; Reacción**

**Los niños**
- piensan en lo que sucedió en el cuento y colorean el dibujo de lo que sucedió al comienzo
- escriben *1, 2* y *3* debajo de los dibujos para indicar si sucedieron al comienzo, durante el desarrollo o al final

**Conexión con el hogar**
Hoy escuchamos un cuento que se llama *¡Plaf!* Te lo voy a contar. Voy a señalar con un dedo cuando estoy contando el comienzo, con dos dedos cuando estoy contando el desarrollo y con tres dedos cuando estoy contando el final.

289

**zo**  **za**  **zu**

| ___ | **mo** |

Lisa bebe _____________ .

 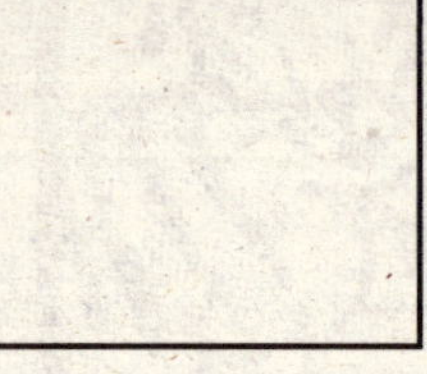

**po** | ___ |

Yo veo un _____________ .

| ___ | **pa** | **to** |

No veo mi _____________ .

---

**TEMA 10: Animales del mundo**
**Semana uno**
**Fonética:** *za, zo, zu*

290

**Los niños**
- escriben *za, zo* o *zu* para completar los nombres de los dibujos (*zumo, pozo, zapato*)
- escriben cada palabra para completar las oraciones

**Conexión con el hogar**
Vamos a pensar en otras palabras que contienen las sílabas *za, zo, zu*. ¿Me puedes ayudar a escribir estas palabras?

| za | zo | zu |
|----|----|----|

hi ▢

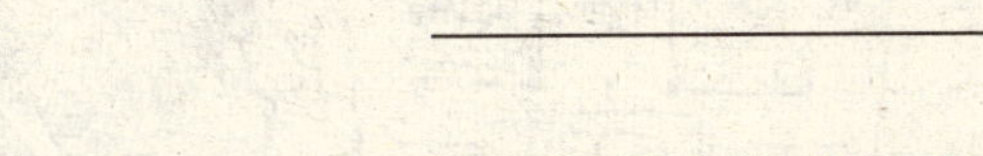

Ana ____________ un dibujo.

ca be ▢

____________

Paco toca su ____________ .

pe ▢ ña

____________

Veo la ____________ .

---



**TEMA 10: Animales del mundo**
**Semana uno**
**Fonética:** *za, zo, zu*

**Los niños**
- unen las sílabas en los cuadros para formar las palabras
  *hizo, cabeza, pezuña*
- escriben estas palabras para completar las oraciones

 **Conexión con el hogar**
Te voy a leer estas oraciones.
Luego podemos usar las palabras
en nuevas oraciones.

## los   las   en

**1.** _______________________

Veo a _______________  en la casa.

**2.** _______________________

Veo a _______________  en la sala.

**3.** _______________________

Veo a Melisa _________ el taxi.

**4.** _______________________

Veo a Dina _________ la colina.

---

**TEMA 10: Animales del mundo**
**Semana uno**
**Repaso de las palabras de uso frecuente *los, las, en***

**Los niños**
- leen las oraciones y escriben *los*, *las* o *en* para completarlas
- hacen un dibujo para la oración 4

**Conexión con el hogar**
He aprendido a leer las palabras *los*, *las* y *en*. Te voy a leer este cuentito. Luego podemos pensar en otras oraciones para añadir al cuento.

**292**

Nombre _______________________________

**TEMA 10: Animales del mundo**
**Semana dos** *Los tres cerditos*
**Comparar y contrastar**

**Los niños**

- comparan las casas y colorean dos cosas que son iguales en todas las casas
- rodean con un círculo algo que es diferente en todas las casas
- marcan con el color rojo la casa más fuerte

 **Conexión con el hogar**

Hoy escuchamos un cuento que se llama *Los tres cerditos*. ¿Conoces este cuento? Te lo voy a contar. Voy a usar diferentes voces para los cerditos y para el lobo.

**293**

**TEMA 10: Animales del mundo**
**Semana dos** *Los tres cerditos*
**Reacción**

**Los niños**
- dibujan la casa que ellos hubieran construido
  para protegerse del lobo o de una tormenta

**Conexión con el hogar**
Te voy a hablar sobre la casa fuerte que
dibujé. ¿Crees que es lo suficientemente
fuerte para que no entre el lobo? ¿Qué
crees que diría el lobo si no puede tumbar
mi casa?

**1.**

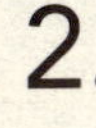
**2.**
 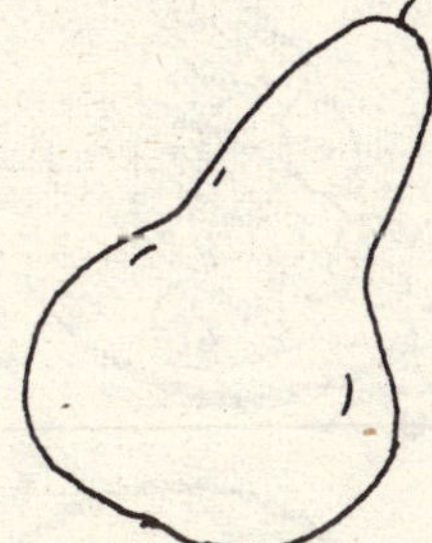   

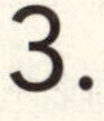
**3.**
  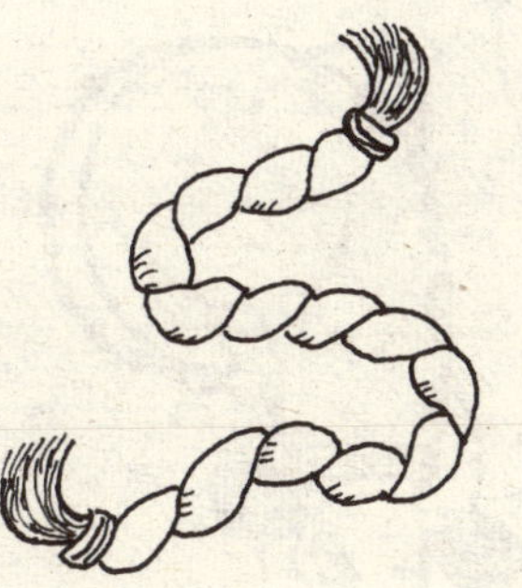  

**TEMA 10: Animales del mundo**
**Semana dos**
**Repaso de la conciencia fonémica:**
**/ m /, / s /, / p /**

**Los niños**
1. colorean los dibujos cuyos nombres empiezan con la *m*, como *Mara Mariposa* y completan el dibujo del mapa
2. colorean los dibujos cuyos nombres empiezan con la *p*, como *Papo Perro* y completan el dibujo de la piña
3. colorean los dibujos cuyos nombres empiezan con la *s*, como *Susi Serpiente* y completan el dibujo del sapo

 **Conexión con el hogar**
Voy a nombrar los dibujos que coloreé. Luego, puedes ayudarme a pensar en otras cosas cuyas nombres empiezan como *Mara Mariposa*, *Papo Perro* y *Susi Serpiente*.

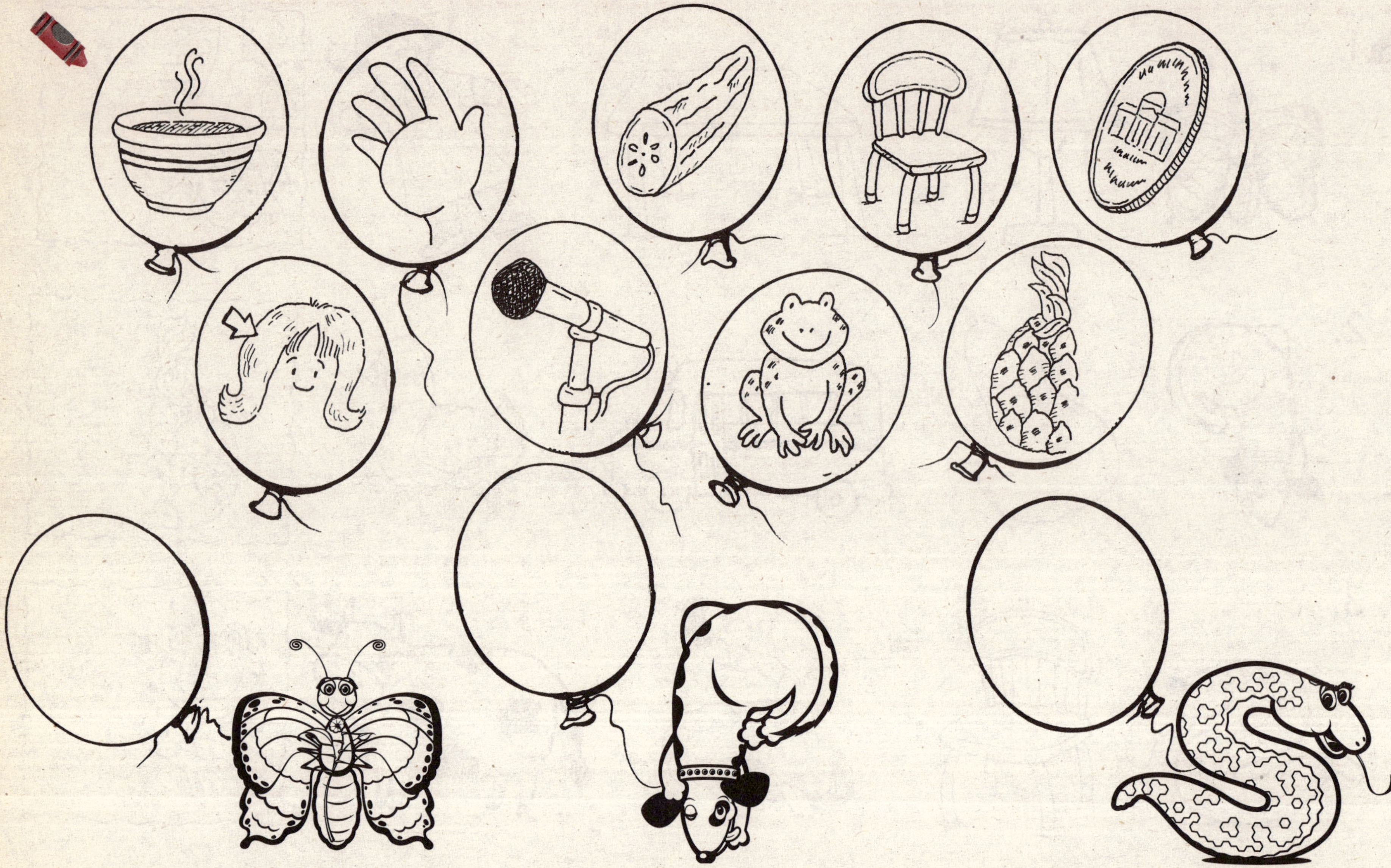

**TEMA 10: Animales del mundo**
**Semana dos**
**Repaso de la conciencia fonémica:**
**/m/, /p/, /s/**

**Los niños**

- colorean de rojo el globo de Mara Mariposa y los dibujos cuyos nombres empiezan con *m*
- colorean de azul el globo de Papo Perro y los dibujos cuyos nombres empiezan con *p*
- colorean de amarillo el globo de Susi Serpiente y los dibujos cuyos nombres empiezan con *s*

 **Conexión con el hogar**
Voy a nombrar los dibujos en los globos y tú puedes nombrar el Alfamigo.

ma   me
pa   pe   po
sa   si

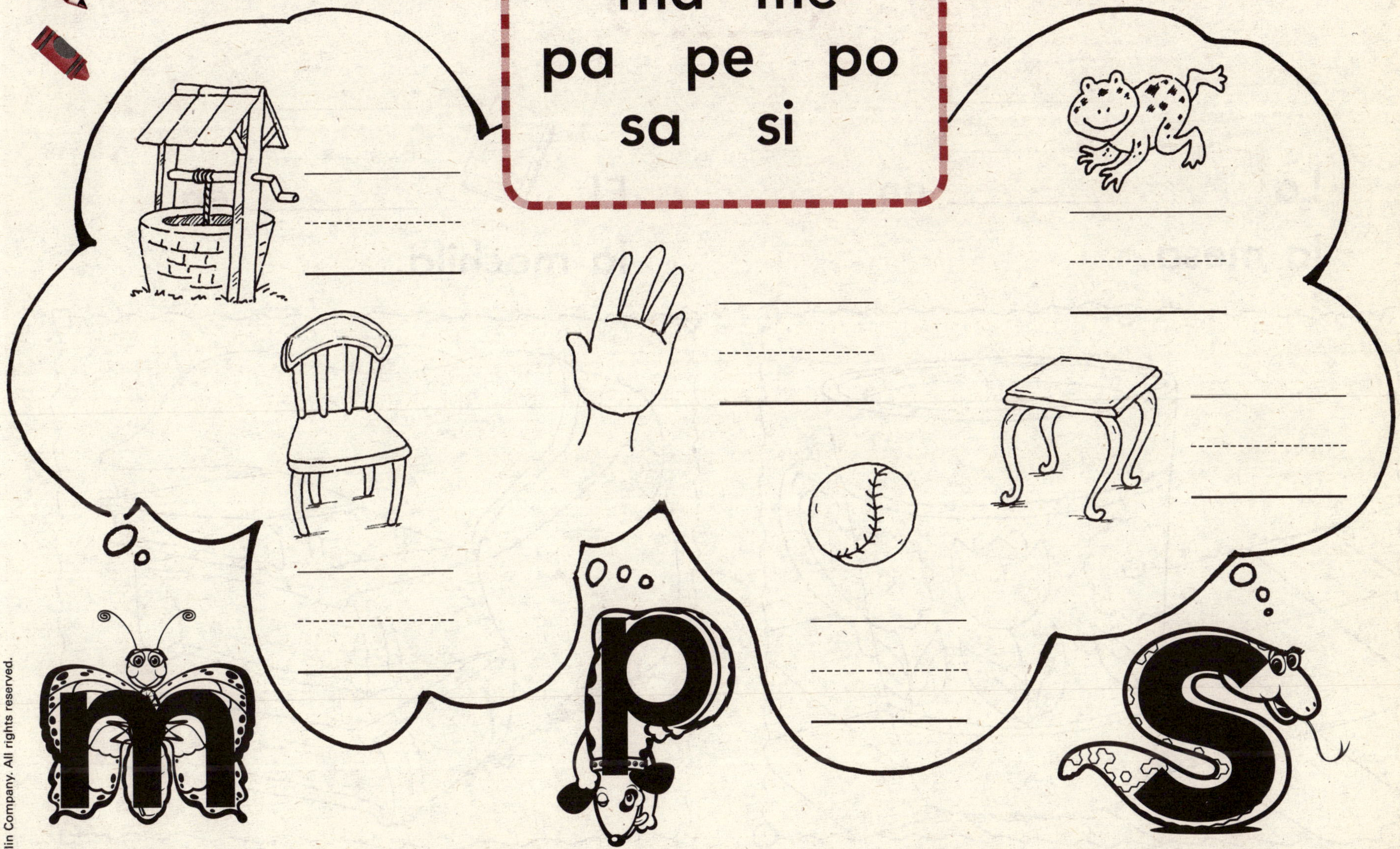

**TEMA 10: Animales del mundo**
**Semana dos**
**Repaso fonémico: *m, p, s (+vocal)***

**Los niños**
- colorean todos los dibujos
- escriben la sílaba inicial al lado de cada dibujo

**Conexión con el hogar**
Te voy a decir con qué sílaba empieza el nombre de cada dibujo. La próxima vez que salgamos juntos, vamos a buscar otras cosas que empiezan con estos sonidos.

297

## está

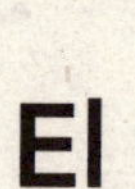

La  ______ en la mesa.

El ______ en la mochila.

**TEMA 10: Animales del mundo**
**Semana dos**
**La palabra de uso frecuente _está_**

**298**

**Los niños**
- leen las oraciones y escriben _está_ para completarlas
- colorean los dibujos

 **Conexión con el hogar**
Puedo leerte estas oraciones. Hice dibujos para dos de las oraciones. Te voy a hablar sobre ellas. Luego, podemos pensar en otras oraciones con la palabra _están_.

**Nombre** _______________________________________

**1.**

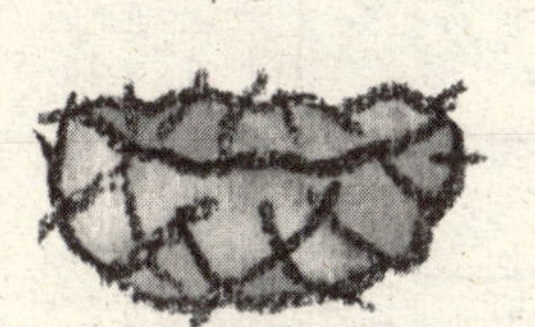

**2.**

---

**TEMA 10: Animales del mundo**
**Semana dos** *Plumas para almorzar*
**Comparar y contrastar, Reacción**

**Los niños**
- piensan en cómo los gatos se diferencian de los pájaros
- colorean de rojo las cosas que le gustarían a un gato y de amarrillo las cosas que le gustarían a un pájaro
- dibujan algo que les gustaría tanto a los gatos como a los pájaros

 **Conexión con el hogar**
La próxima vez que salimos a pasear, podemos comparar los animales que vemos. Podemos comparar sus tamaños, sus colores, sus sonidos y lo que hacen.

## mapa   silla   pollito

Mara mira el __________ .

Susi saca una __________ .

Pepe pasa un __________ .

---

**TEMA 10: Animales del mundo**
**Semana dos**
**Fonética: *Mm, Pp, Ss***

**Los niños**

- leen las oraciones y escriben *mapa*, *silla* y *pollito* para completarlas
- colorean la sonrisa (sí) o la mueca (no) para indicar si la oración es verdadera o falsa

**Conexión con el hogar**
Vamos a escribir las palabras *mapa*, *silla* y *pollito* en tres pedazos de papel. Luego podemos colocar las palabras al revés y turnarnos a escoger una y crear una oración con la palabra que nos toca.

300

Mira mi _______________ .

Mira mi _______________ .

Mira mi _______________ .

---

**TEMA 10: Animales del mundo**
**Semana dos**
**Repaso de la conciencia fonémica**

**Los niños**
- escriben las sílabas *ma, pe, so* para completar las palabras que van con las ilustraciones
- escriben las palabras *mano, pelo, sopa* para completar las oraciones

**Conexión con el hogar**
Voy a leer estas oraciones que completé con las palabras *mano, pelo, sopa*. Luego, podemos pensar en otras oraciones para estas palabras. ¿Puedes escribir las oraciones para mí?

**301**

## son  en  está

**1.** 

El 🧸 está _________ la caja.

**2.** _________

Los _________ de Nina.

**3.** _________

Mami _________ en la sala.

**4.** Los 📖 son de Mami y de Papi.

 **TEMA 10: Animales del mundo**
**Semana dos**
**Las palabras de uso frecuente *son, en, está***

**302**

**Los niños**
- leen las oraciones y escriben *son*, *en*, *está* para completarlas
- hacen un dibujo para la última oración

 **Conexión con el hogar**
Te voy a leer estas oraciones. Luego podemos inventar más cosas para añadir al cuento.

Nombre ______________________________

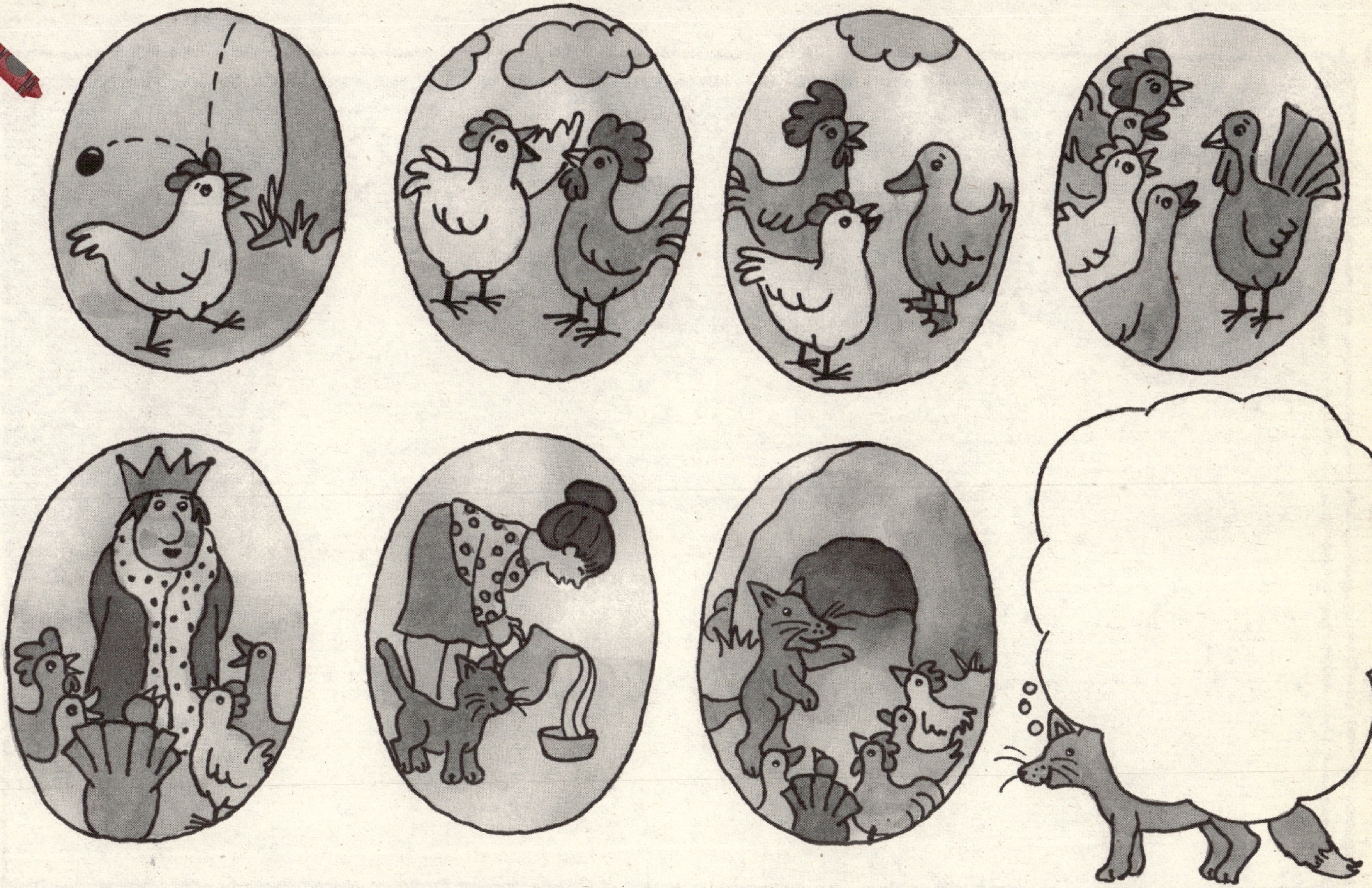

**TEMA 10: Animales del mundo**
**Semana tres** *Henny Penny*
**Trama**

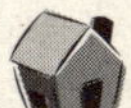

**Los niños**

- piensan en lo que sucedió en el cuento y tachan los dos dibujos en el mapa del cuento que muestrn algo que no sucedió
- hacen un dibujo de lo que Foxy Loxy probablemente esperaba que pasara al final

**Conexión con el hogar**
Puedo usar el mapa del cuento para ayudarme a contarte el problema de los animales en el cuento Henny Penny. Luego, te contaré cómo resolvieron su problema.

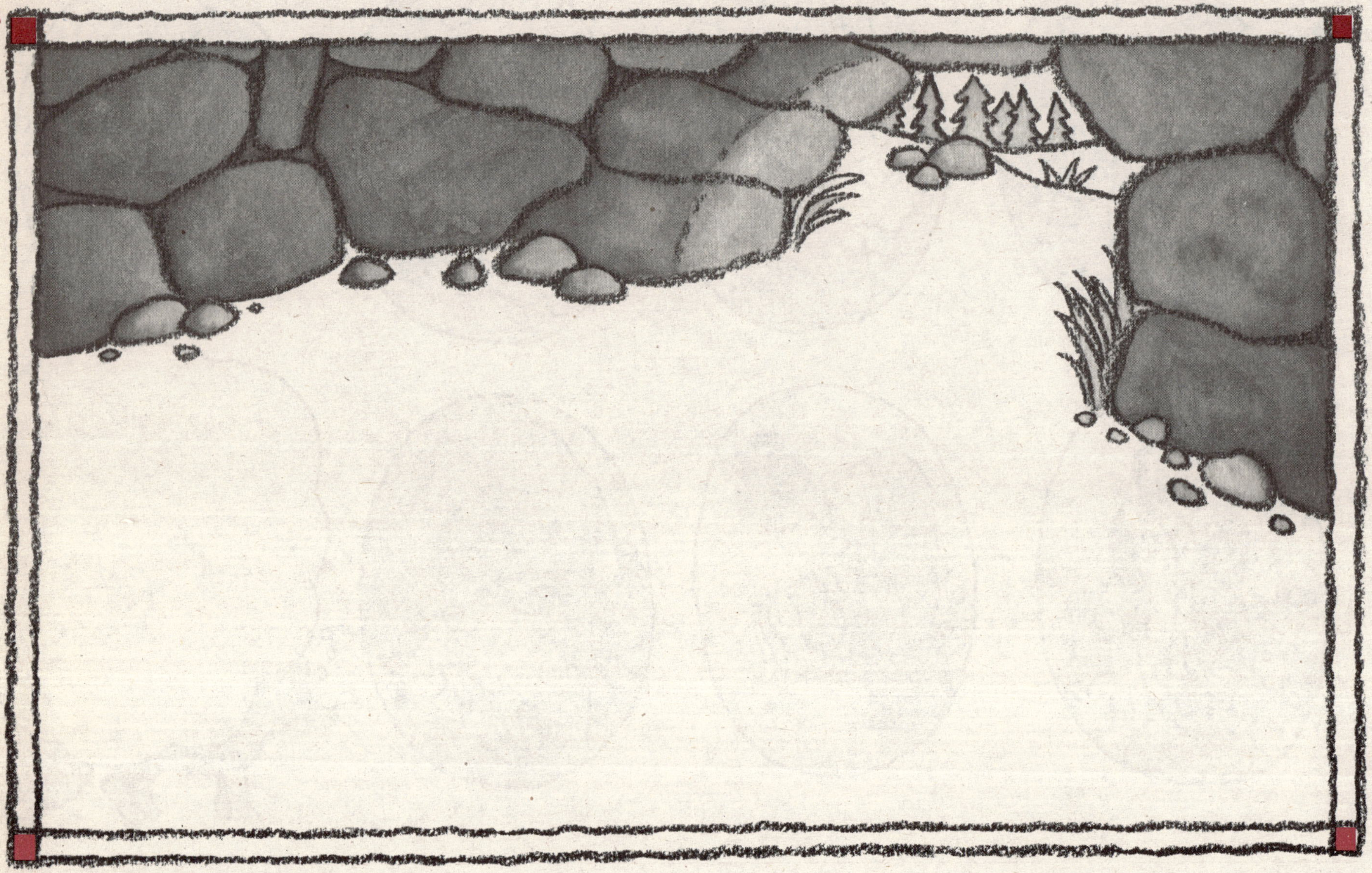

**TEMA 10: Animales del mundo**
**Semana tres** *Henny Penny*
**Reacción**

**Los niños**
- piensan en lo que hizo Foxy Loxy para su cena después de que Henny Penny y sus amigos se escaparon y lo dibujan

 **Conexión con el hogar**
Te voy a hablar de los dibujos que hice.

# Nombre ______________________

**TEMA 10: Animales del mundo**
**Semana tres**
**Repaso de la conciencia fonémica:**
**/t/, /n/, /c/**

**Los niños**

- colorean todos los dibujos de las páginas 305 y 306 cuyos nombres empiezan como *Tico Tigre*, *Nina Nutria* o *Calo Cangrejo*

- recortan y pegan los dibujos cuyos nombres empiecen con estos sonidos al lado de los Alfamigos que corresponden en la página 306

**Conexión con el hogar**
Vamos a buscar cosas en la cocina cuyos nombres empiezan como *Tico Tigre*, *Nina Nutria* o *Calo Cangrejo*.

**305**

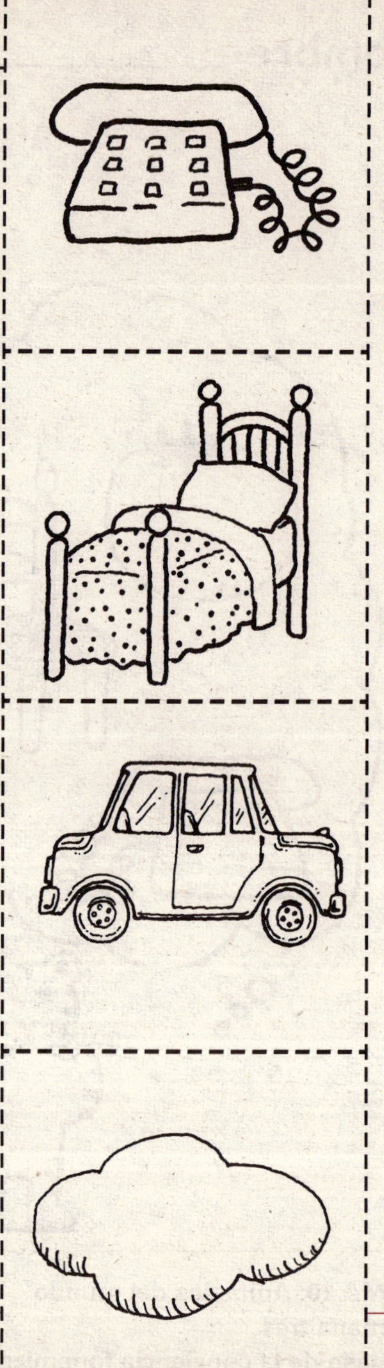

**TEMA 10: Animales del mundo**
**Semana tres**
**Repaso de la conciencia fonémica:**
/t/, /n/, /c/

Nombre ___________________________

**1.**

ta   te   ca   co   ni   nu

**2.**

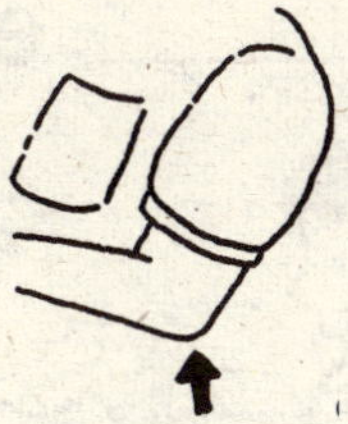

**3.**

---

**TEMA 10: Animales del mundo**
**Semana tres**
**Repaso fonémico:**
*t, n, c (+vocal)*

**Los niños**
- pronuncian las sílabas en la caja superior
- escriben *ta, te, ca, co, ni* o *nu* al lado del dibujo que empieza con esta sílaba
- rodean con un círculo una de las sílabas en la caja superior y dibujan dos cosas más que empiezan con esa sílaba

 **Conexión con el hogar**
Vamos a nombrar todos los dibujos en esta página y decir la sílaba inicial. Tú puedes hacerlo con las palabras que empiezan con *t* y yo lo haré con las palabras que empiezan con *n* y *c*.

**307**

## en   está

**1.** _______________

El  está _______________ la caja.

**2.** _______________

El  _______________ en el bote.

**3.** _______________

El  está _______________ su casa.

**4.** _______________

El está _______________ en el lago.

---

**TEMA 10: Animales del mundo**
**Semana tres**
**Repaso de las palabras de uso frecuente *en, está***

**308**

**Los niños**
- leen las oraciones y escriben *está* y *en* para completar las oraciones
- hacen un dibujo para ilustrar la última oración

 **Conexión con el hogar**
Te voy a leer estas oraciones. Luego, podemos inventar otras oraciones con las palabras *en* y *está*.

1.

2.

3.

**TEMA 10: Animales del mundo**
**Semana tres** *Plumas para almorzar*
**Trama, Reacción**

**Los niños**
- colorean los dibujos que muestran lo que sucedió en *Plumas para almorzar*
- piensan en un cuento para las otras filas de dibujos

**Conexión con el hogar**
Voy a contar un cuento para cada fila de dibujos. La primera fila es sobre un cuento que se llama *Plumas para almorzar*. Luego tú puedes inventar un cuento para cada grupo de dibujos.

**309**

| ni | ca | to |
|----|----|----|

| | ja |
|---|---|

___________________
Veo una __________ .
¿Es de oro?

| | do |
|---|---|

___________________
Veo un __________ .
¿Es de un animalito?

| | ro |
|---|---|

___________________
Veo un __________ .
¿Es mi amigo?

---

**TEMA 10: Animales del mundo**
**Semana tres**
**Fonética:** *t, n, c (+vocal)*

**310**

**Los niños**
- escriben las sílabas *ni, ca, to* para completar las palabras
- leen las oraciones y escriben las palabras *caja, nido* y *toro* para completarlas

**Conexión con el hogar**
Pídeme que te lea estas oraciones. Luego, podemos recortar los cuadros de sílabas, mezclarlos y volver a formar las palabras *caja, nido* y *toro*.

## tapete   nena   coco

¿A Paco le gusta el __________?

¿El __________ es de mi gato?

¿La __________ llora?

---

**TEMA 10: Animales del mundo**
**Semana tres**
**Fonética:** *t, n, c (+vocal)*

**Los niños**
- observan las ilustraciones, leen las preguntas y escriben palabras para completarlas
- colorean la sonrisa (sí) o la mueca (no) para contestar las preguntas

 **Conexión con el hogar**
Vamos a crear más preguntas como éstas. ¿Puedes pensar en otras palabras que empiezan con las sílabas *ta, te, ti, to, tu, na, ne, ni, no, nu, ca, co, cu* que podemos usar en las preguntas?



**311**

los   son   en   está

1. Los _________________
de Felipe.

2. _________________
Veo _________________ 
de Rigo.

3. _________________
Veo 
los _________________ .

4.
La  _________________ en

---

**TEMA 10: Animales del mundo**
**Semana tres**
**Repaso de las palabras de uso**
**frecuente *los, son, en, está***

312

**Los niños**
- leen las oraciones y escriben *los, son, en* y *está* para completarlas
- hacen un dibujo para completar la oración 4

**Conexión con el hogar**
Te voy a leer estas oraciones. Luego, podemos crear otras oraciones con estas palabras. Tú puedes escribir las oraciones y yo buscaré las palabras *los, son, en* y *está*?

a b c ch d e f
g h i j k l ll m
n ñ o p q r s
t u v w x y z

**Yo**

Yo  .

Yo  .

Yo  .

Yo  .



Palabras de uso frecuente: *yo*

Tema 2, Semana 1, Día 5

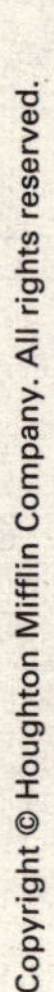

Yo  .

Yo  .

Yo  .

Yo  .



Palabras de uso frecuente: *yo*

Tema 2, Semana 1, Día 5

**Yo veo** .

**Yo veo** .



**Yo veo** .

**Yo veo** .



Palabras de uso frecuente: *veo*

Tema 2, Semana 2, Día 2

Yo veo .



**Yo veo** 🪣🪣 **.**

**Yo veo** 🖌️ **.**

**Yo veo** ✂️ **.**

**Yo veo** 🍶 **.**





Palabras de uso frecuente: *veo*

Tema 2, Semana 2, Día 2

**Yo veo **

Yo veo .

Yo veo .

Yo veo .



Palabras de uso frecuente: *yo, veo*

Tema 2, Semana 2, Día 5

**Yo veo**  .

**Yo veo** .

**Yo veo** .

**Yo veo** .





Palabras de uso frecuente: *yo, veo*

Tema 2, Semana 2, Día 5

**Yo veo** 

## Yo veo  .

**Yo veo** .

**Yo veo** .

**Yo veo** .

**Yo veo** .



Palabras de uso frecuente: *yo, veo*

Tema 2, Semana 3, Día 2

Yo veo .

Yo veo .

Yo veo .

Yo veo .





Palabras de uso frecuente: *yo, veo*

Tema 2, Semana 3, Día 5

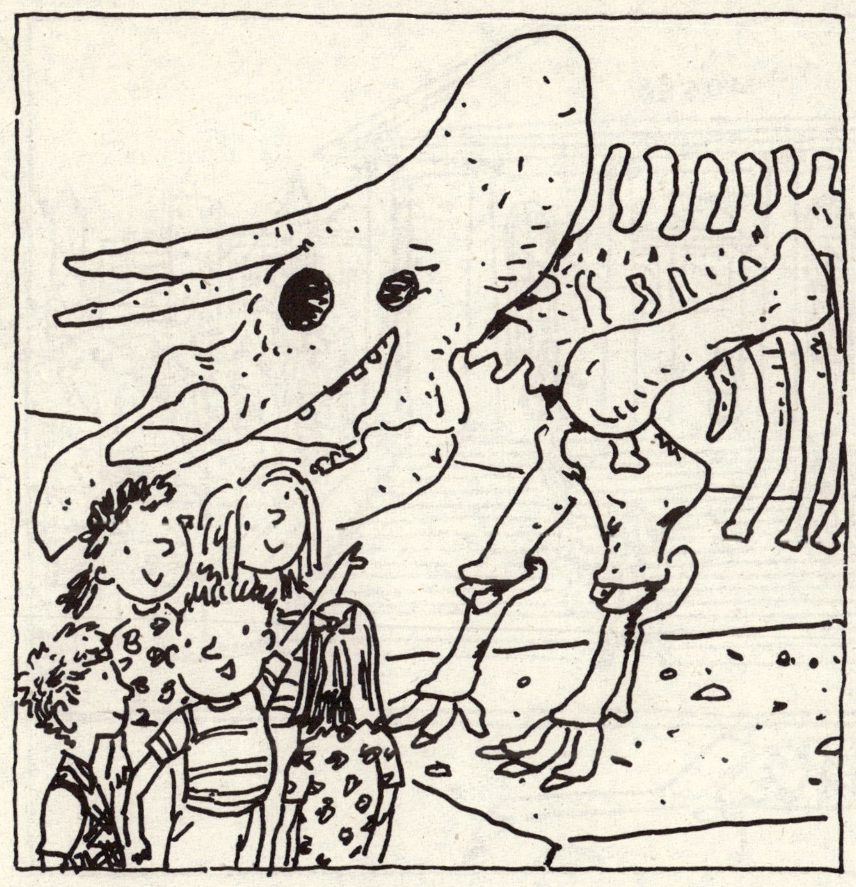

**Yo veo** .

**Yo veo** .

**Yo veo** .

**Yo veo** .





Palabras de uso frecuente: *yo, veo*

Tema 2, Semana 3, Día 5

Yo veo .

Yo veo .

Yo veo .

Yo veo .



Palabras de uso frecuente: *yo, veo*

Tema 2, Semana 3, Día 5

Yo veo . 

Le .



Palabras de uso frecuente: *le*

---

# Yo veo 

Yo veo .

Le .



Tema 3, Semana 1, Día 2

**Yo veo** 🧍 **.**

**Le** 🖼️ **.**

**Yo veo** 🧍 **.**

**Le** 🖼️ **.**





Palabras de uso frecuente: *le*

Tema 3, Semana 1, Día 2

Yo veo ____ .

Le ____ .

Yo veo ____ .

Le ____ .



Palabras de uso frecuente: *yo, veo, le*

Tema 3, Semana 1, Día 5

Yo veo ⎯⎯🪥 .

Le 🤲 .

Yo veo  .

Le 👨‍👦 .



Palabras de uso frecuente: *yo, veo, le*

Tema 3, Semana 1, Día 5

# ¡Le gusta  !

Le gusta  .

¡Le gusta  !

Le gusta  .

Le gusta  .





Palabras de uso frecuente: *gusta*

Tema 3, Semana 2, Día 2

Le gusta 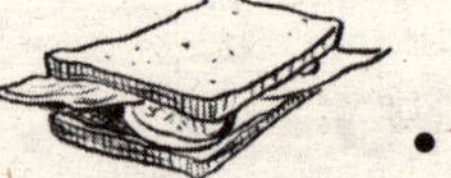 .

Le gusta  .

Le gusta .

Le gusta .





Palabras de uso frecuente: *gusta*

Tema 3, Semana 2, Día 2

# Le gusta 

Yo veo .

¡Le gusta !

Yo veo .

Le gusta .



Palabras de uso frecuente: *yo, veo, le, gusta*

Tema 3, Semana 2, Día 5

# Yo veo .

# Le gusta .

# Yo veo .

# Le gusta 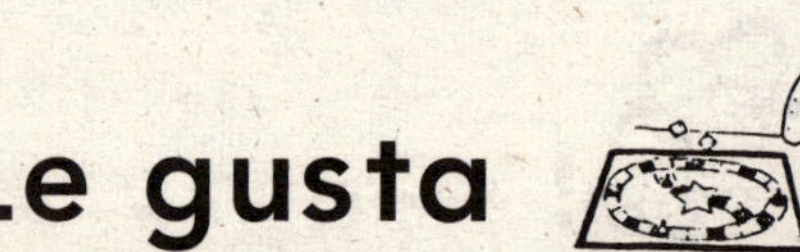.



Palabras de uso frecuente: *yo, veo, le, gusta*

Yo veo  .

Le gusta  .



# Le gusta 

Yo veo .

Le gusta  .

**Yo veo** .

**Le gusta** .

**Yo veo**  .

**Le gusta**  .

Yo veo .

Le gusta ⬤.





# Le gusta

Yo veo .

Le gusta ⬤.

**Yo veo** 🐕 **.**

**Le gusta** ⚪ **.**

**Yo veo** 🐈 **.**

**Le gusta** ⚪ **.**





Palabras de uso frecuente: *yo, veo, le, gusta*

Yo veo un .

Yo veo un .



# Yo veo un 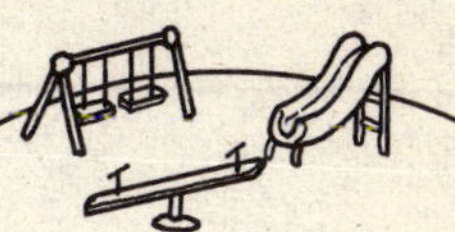

Yo veo un .

Yo veo un .

**Yo veo un** 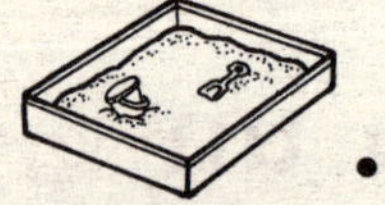 **.**

**Yo veo un** 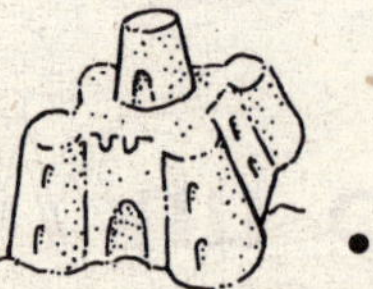 **.**

**Yo veo un**  **.**

**Yo veo un** **.**





Palabras de uso frecuente: *un*

Thema 4, Semana 1, Día 2

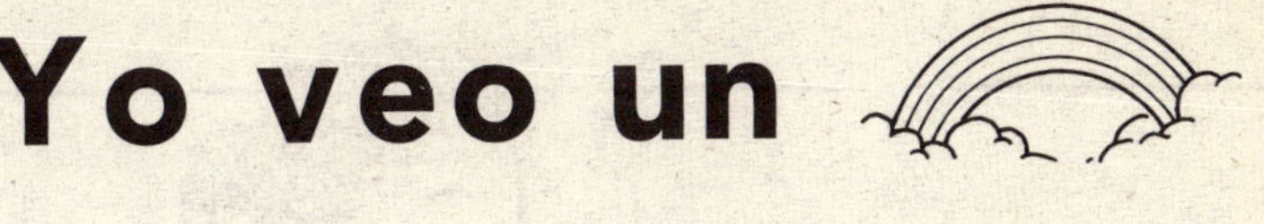

## Yo veo un 

Yo veo un  .

 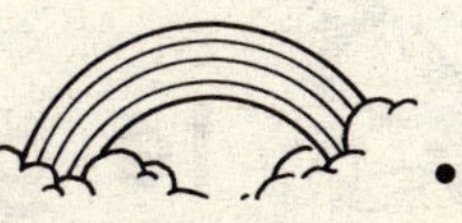 le gusta  .

Yo veo ______ .

Yo veo ______ .





Palabras de uso frecuente: *yo, veo, le, gusta, un*

Yo veo un  .

Yo veo  .

Yo veo un  .

 le gusta .





Palabras de uso frecuente: *yo, veo, le, gusta, un*

Tema 4, Semana 1, Día 5

# Le gusta 

Le gusta  .

Le gusta  de  .

Le gusta  .

Le gusta  de  .





Palabras de uso frecuente: *de*

Le gusta .

Le gusta  de .

Le gusta .

Le gusta  de .





Palabras de uso frecuente: *de*

Tema 4, Semana 2, Día 2

# Le gusta

Yo veo .

 le gusta  .

Yo veo un  de  .

le gusta .





Palabras de uso frecuente: *yo, veo, le, gusta, un, de*

Tema 4, Semana 2, Día 5

Yo veo un 🚗 de 👦👧.

 le gusta .

Yo veo 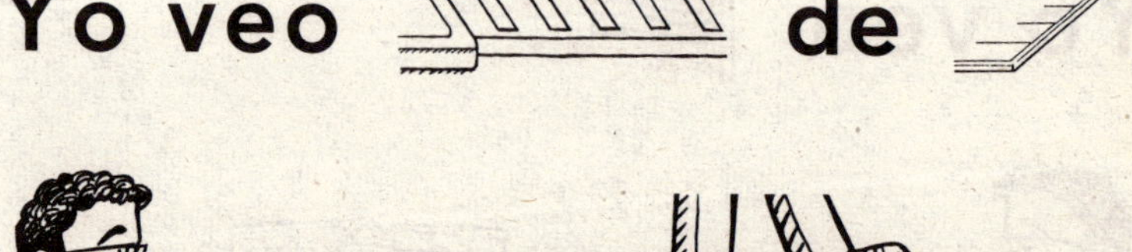 de .

le gusta.

**Yo veo** .

**Le gusta** .



# Yo veo 

**Yo veo** .

**Le gusta** .



Palabras de uso frecuente: *yo, veo, le, gusta, un, de*

Yo veo 🪑 de 🪵.

Yo veo 📦.

Yo veo un 🚂.

🐕 le gusta 🚂.





Palabras de uso frecuente: *yo, veo, le, gusta, un, de*

Tema 4, Semana 3, Día 2

#  Le gusta

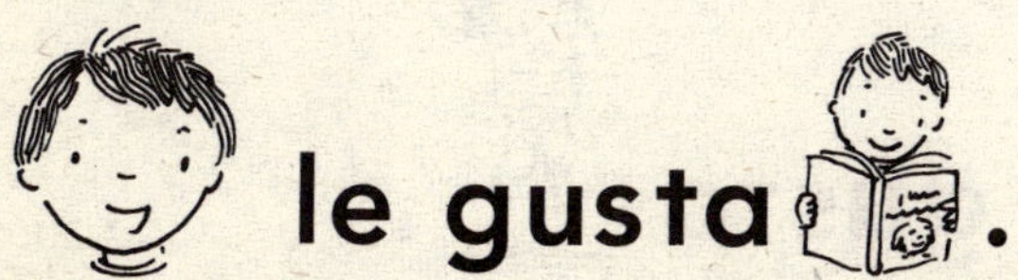 le gusta.

le gusta .

Yo veo un .

Yo veo un de .



**4**Palabras de uso frecuente: *yo, veo, le, gusta, un, de*Tema 4, Semana 3, Día 5**1**

le gusta .

le gusta .

le gusta .

le gusta .





Palabras de uso frecuente: *yo, veo, le, gusta, un, de*

Tema 4, Semana 3, Día 5